U0457429

全国电力行业"十四五"规划教材

船舶与海洋工程电气与信息类系列教材

船舶辅机的电力拖动控制技术

主　编　魏永清

副主编　熊　浩　朱　鹏

编　写　乔鸣忠　于　飞

　　　　冯国利　曾海燕

主　审　赵镜红

中国电力出版社
CHINA ELECTRIC POWER PRESS

内 容 提 要

本书理论联系实际，内容循序渐进，有助于学生在较短时间内掌握船舶辅机电气控制技术的基本理论，并具备一定的实践能力。本书共分两篇。第一篇全面介绍了常用的三种电气传动控制技术，包括基于继电器—接触器的控制技术、基于 PLC 的电气控制技术及基于计算机的伺服控制技术。第二篇以船舶典型电力拖动装置为例，涵盖多种舱室机械和甲板机械，介绍装置的工作原理及其电气控制系统。

本书可作为普通高等院校电气工程及其自动化等专业及高职高专相关专业教材，也可作为相关行业工程技术人员的参考书和培训教材。

图书在版编目（CIP）数据

船舶辅机的电力拖动控制技术/魏永清主编．—北京：中国电力出版社，2024.6
ISBN 978-7-5198-6937-3

Ⅰ.①船… Ⅱ.①魏… Ⅲ.①船舶辅机—电力传动—自动控制系统 Ⅳ.①U664.5

中国国家版本馆 CIP 数据核字（2023）第 147631 号

出版发行：中国电力出版社
地　　址：北京市东城区北京站西街 19 号（邮政编码 100005）
网　　址：http://www.cepp.sgcc.com.cn
责任编辑：冯宁宁（010-63412537）
责任校对：黄　蓓　于　维
装帧设计：郝晓燕
责任印制：吴　迪

印　　刷：北京天泽润科贸有限公司
版　　次：2024 年 6 月第一版
印　　次：2024 年 6 月北京第一次印刷
开　　本：787 毫米×1092 毫米　16 开本
印　　张：11
字　　数：270 千字
定　　价：38.00 元

序　言

　　建设海洋强国是中华民族伟大复兴的重大战略任务，船舶及相关技术是实现"建设海洋强国"这一战略目标所需的关键物质和技术基础。电气系统作为船舶的"血液系统"，是船舶赖以生存的基础，船舶电气工程领域科学技术的进步将极大地促进我国船舶建造和运用水平的提高，为实现建设海洋强国战略目标发挥积极作用。

　　船舶电气工程是关于船用电气设备和船舶电气与控制系统的设计建造理论、运行控制方法以及工程应用技术的专业学科，是电气科学与技术的重要组成部分。船舶电气工程主要研究对象为船舶以及海洋结构物（如海上石油钻井平台等）上所有与电气有关的基础理论、工程技术与运用方法，涉及船用电机、船舶电力系统及其自动化、船舶电力推进、电力传动控制、电能变换等多个技术领域，具有自己鲜明的特色。

　　近年来，我国船舶电气工程领域获得了很大的发展，大量新技术应用于船舶电气系统。高品质、大容量、智能化的船舶电力系统产生了新的网络结构、运行模式、保护策略、控制与应急转换方法以及故障重构、接地及保护方案，基于高效率、模块化功率器件的新型电能变换技术，采用网络化、数字控制的船舶机械电气传动控制技术，以高功率密度新型推进电机及控制系统为代表的现代船舶电力推进技术等，在船舶电气系统中得到了广泛应用，显著提升了船舶电气工程领域的技术水平。

　　为充分反映船舶电气工程领域的技术进步，总结已有科研成果，普及并传播新的理论、方法和科学技术知识，并满足船舶电气工程专业本科教学需求，形成教材的体系化和系列化，海军工程大学电气工程学院组织多名长期从事船舶电气领域教学和科研的专家，编写了一套船舶电气工程专业系列教材。本系列教材充分展示了船舶电气工程领域的基本理论方法、设计制造工艺、最新科研成果和发展动态，可以作为船舶电气工程领域专业技术人员和高等院校相关专业师生的教材和综合性参考书。

张晓锋

2023 年 5 月

前　言

随着电气控制技术的不断发展，船舶辅机的电气控制技术也在不断更新，朝着自动化程度更高、操作更简单的方向发展。已出版的船舶辅机类教材以传统的继电器—接触器控制系统为主，本教材在综合以往相关教材的基础上，补充了 PLC 控制技术和基于计算机的伺服控制技术等内容，建立起船舶辅机控制系统完整的知识体系，更适应现代化船舶机电岗位的能力发展需求。

本书内容循序渐进，有助于学生在较短时间内掌握船舶辅机电气控制技术的基本理论，并具备一定的实践能力。本书分为两篇。第一篇介绍了船舶辅机的三类电气传动控制技术，包括继电器—接触器控制技术、PLC 控制技术及基于计算机的伺服控制技术。第二篇以典型的船舶电力拖动辅机为例，如船用各种泵、空压机、冷藏装置、海水淡化装置等舱内机械，锚机、起货机等电动或液压甲板机械，按照辅机装置的工作原理、电气控制要求及电气控制线路实例的讲解顺序，介绍电气控制技术在船舶辅机中的具体应用。

通过学习本教材，将使学生掌握电气控制技术方面的必备知识，具备船舶辅机装置电气控制线路的读图能力，并有一定的控制系统设计能力。在编写过程中，作者深入造船单位调研学习，消化吸收装置技术资料、详细分析设备工作原理。在编写方法上，遵循使学员"学得会、用得上"原则，力求阐述和说明符合学员的认知规律，便于学员自学，有益于激发学员的学习兴趣及对装备操作使用能力的培养。

本书绪论、第一篇由魏永清、朱鹏编写，第二篇由熊浩、于飞、乔鸣忠等编写，冯国利、曾海燕参加了本书大量插图绘制和文字录入工作。在本书的编写及出版过程中，得到了海军工程大学电气工程学院的大力支持，乔鸣忠教授对本书进行了总体把关，赵镜红教授担任本书主审，在此一并致谢。

由于编写时间仓促，装备技术资料不全，加之水平有限，书中难免存在不妥之处，恳请广大读者批评指正，以便进一步修改完善。

编　者
2023 年 6 月

目　　录

绪　　论

第一节　电气传动的概念及发展

一、电气传动的基本概念

电气传动是以电动机为原动机驱动工作机械的系统的总称，其目的是将电能转变为机械能，实现工作机械的起动、停止以及速度调节；完成各种工作机械的控制要求，保证系统的正常运行。

在现代工业中，为了实现各种生产工艺过程的要求，电气传动不仅包括驱动工作机械的电动机，还包括控制电动机的一整套控制系统。电气传动是机械设备中的一部分，它主要包含四个环节：

（1）电动机。

（2）自动控制设备。

（3）电动机与工作机械之间的传动装置。如减速箱、皮带、联轴节等。

（4）工作机械。

电气传动的组成如图 0-1 所示。

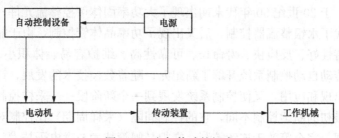

图 0-1　电气传动的组成

二、电气传动及其控制系统的发展概况

船舶机械电气传动控制技术是随着科学技术的不断发展和生产工艺不断提出新的要求而得以不断发展的。在控制方法上，是从手动控制到自动控制；在控制功能上，从简单的控制设备到复杂的控制系统；在控制原理上，从有触点的继电器—接触器控制系统到以计算机为核心的控制系统。下面将对电气传动的拖动方式、控制系统和控制电器的发展概况进行介绍。

1. 电气传动的拖动方式

电气传动及其控制系统总是随着社会生产发展而发展的。其中电气传动的发展主要经历了成组拖动、单电机拖动和多电机拖动三个阶段：所谓成组拖动，就是由一台电动机通过传动机构同时带动多台工作机械，此种拖动方式生产效率低，可靠性差；所谓单电机拖动，就是由一台电动机拖动一台工作机械，此种拖动方式较第一种方式前进了一步，但当一台工作机械的运动部件较多时，机械传动机构仍然很复杂；所谓多电机拖动，即一台工作机械的每一个运动部件分别由一台专门的电动机拖动，这种拖动方式不仅大大简化了工作机械的传动机构，而且控制灵活，为工作机械的自动化提供了有利的条件，所以现代化的电气传动基本上均采用这种拖动方式。

电气传动所使用的电动机主要包括直流电动机和交流电动机。即电气传动可分为直流拖动方式和交流拖动方式。由于交流电制同直流电制相比，具有很大的优越性，因此现代船舶主要采用交流电制，相应的，其辅机拖动一般采用交流拖动方式。交流电动机与直流电动机相比，具有结构简单、价格便宜、维修方便、惯性小等一系列优点，单机功率及电压等级都可以做得比直流电动机高得多，还可以实现高速拖动，因此交流电气传动应用范围越来越广泛。随着微电子技术的发展和现代控制理论的应用，电气传动正向着计算机控制生产过程自动化的方向迈进。

2. 电气传动的控制系统

控制系统的发展伴随控制器件的发展而发展，随着功率器件、放大器件的不断更新，电气传动控制系统的发展日新月异，它主要经历了四个阶段：最早的电气传动控制系统出现在20世纪初，它仅借助于简单的接触器与继电器等控制器件，实现对控制对象的起动、停车以及有级调速等控制，其控制速度慢，控制精度差；20世纪30年代出现了电机放大机控制，它使控制系统从断续控制发展到连续控制，连续控制系统可随时检查控制对象的工作状态，并根据输出量与给定量的偏差对控制对象自动进行调整，其快速性及控制精度都大大超过了最初的断续控制，并简化了控制系统，减少了电路中的触点，提高了可靠性，使生产效率大为提高；20世纪40～20世纪50年代出现了磁放大器控制和大功率可控水银整流器控制；可时隔不久，于20世纪50年代末期出现了大功率固体可控整流元件——晶闸管，很快晶闸管控制就取代了水银整流器控制，后又出现了功率晶体管控制，由于晶体管和晶闸管具有效率高、控制特性好、反应快、寿命长、可靠性高、维护容易、体积小、重量轻等优点，它的出现为电气传动自动控制系统开辟了新纪元；随着数控技术的发展，计算机的应用特别是微型计算机的出现和应用，又使控制系统发展到一个新阶段——采样控制，这也是一种断续控制，但是和最初的断续控制不同，它的控制间隔（采样周期）比控制对象的变化周期短得多，因此在客观上完全等效于连续控制，它把晶闸管技术与微电子技术、计算机技术紧密地结合在一起，使晶体管与晶闸管控制具有强大的生命力。

3. 控制电器

电气传动控制系统控制方法的发展得益于控制电器的发展，目前控制器件大体可分为四类：有触点控制电器、无触点控制电器、可编程序控制器（简称PLC）和工业控制计算机。

（1）有触点控制电器的执行元件主要是触头，即通过触头的通断来接通和断开电路。这种有触点电器在开断电路时，触头间将产生电弧。电弧一方面使电路仍然保持导通状态，另一方面延迟了电路的开断，同时会烧坏触头甚至引起电器的爆炸和火灾，因此灭弧问题非常重要。电弧问题的研究在电器领域中形成了一个重要的分支。无触点控制电器是现代电力电子技术应用于电器领域的产物，无触点电器接通和断开电路的任务不再是由触头来执行，而是由控制开关元件输出信号的高低电平来控制，因而免除了电弧的困扰，实现了电路的无电弧通断操作。

（2）无触点控制电器的出现并不意味着有触点控制电器的衰落，事实证明，无触点控制电器不可能完全代替有触点控制电器，它们不应是互相排斥、互相取代，而应是互相结合和相辅相成。同多种学科的发展相似，交叉学科的出现和发展解决了以前单学科所不能解决的实际问题，同样，有触点控制电器和无触点控制电器的结合，将有效地解决两种控制电器所面临的具体问题。例如，用晶闸管与电磁式接触器组成混合式无电弧接触器，即在电磁式接触器的每一个主触头上并联一个电子开关。正常运行时，晶闸管中没有电流通过，电流只经过接触器的主触头，因此压降小、功耗低，解决了晶闸管电路因长期通电所产生的压降大和温升高的问题，利用主触头接通电路，提高了线路的接通能力；在分断时，则依靠晶闸管无触点触发和阻断特性，实现了电路的无电弧通断，这是一种新型的电器。实验结果表明，这种新型的控制电器的电气寿命在重负荷任务下可达几百万次（一般有触点控制电器为100多万次）。目前有触点控制电器和无触点控制电器均处在不断发展中。

（3）可编程序控制器是在继电器控制基础上开发的计算机控制系统。它以微处理器为基础，综合了计算机技术、半导体技术、自动控制技术、数字技术和通信网络技术发展起来的一种通用自动控制装置，主要面向控制过程和用户。PLC和传统的继电器接触器逻辑控制在控制系统中是相辅相成的。

（4）由工业计算机构成的数字控制器具有强大的计算功能、逻辑判断功能及存储信息量大等特点，可实现复杂先进的控制策略，使输出量相当精确地跟随输入量的变化而变化。例如在仪表的自动稳定控制、雷达天线控制、转舵控制等随动系统中，控制器多采用工业计算机等构成的数字控制器。

第二节　船舶电气传动控制系统应用概况

按照电气传动控制技术在船舶的应用场合划分，主要包括船舶电力推进和船舶辅机电气传动。

一、船舶电力推进

1. 电力推进技术的应用概况

电力推进装置是指采用电动机械带动螺旋桨来推动船舶运动的装置。20世纪后期，电力电子功率器件制造技术不断提高，控制技术不断完善，大大地推动了商用船舶电力推进技术的应用水平，更大地提升了电力推进系统的有效功率等级，电力推进在民船应用领域出现了前所未有的发展，电力商船的应用范围日益扩大。目前，电力推进装置主要应用于以下几种类型的船舶：

（1）需要高度机动性能的船舶。比如渡轮、油轮等。渡轮采用电力推进后，除了船尾部装设推进器外，还可方便地在船首及左右舷装设侧向推进器，使渡轮在港口要道和狭窄航道中能快速灵活和安全地航行，也使靠离码头的操作快速准确、可靠。

（2）需要有特殊工作性的船舶。比如挖泥船、破冰船等。耙吸式挖泥船在采用电力推进时，挖泥机械（大功率泥泵）不必由专用的原动机带动，动力装置的功率可以给耙吸工作和推进工作随意分配使用。即在耙吸挖泥时，船舶低速航行，主发电机除把一小部分电能供推进装置外，大部分能量供给泥泵。不进行耙吸操作时，船舶可利用全部电能高速航行，提高了电能的利用率。

（3）具有大容量辅助机械的船舶。比如调查船、测量船等。这些船上的甲板机械、附属设备和科研仪器，往往需要大量电能，它们可以与电力推进装置一起从主发电机组中获得电能。电力推进具有较高的机动性、低速航行特性等，这些对于航行状态多变、航区复杂的调查船和测量船都是必不可少的。

（4）军用船舶。现代化的军用船舶一方面需要较强的机动性，另一方面也会配备电磁炮、激光、微波等高能武器和电磁弹射等高能量的装备。采用电力推进后，用电动机驱动船舶推进器，控制灵活，调速方便，船低速航行时，可将大量的能量用于高能武器和高能量装备。如英国建造的 45 型驱逐舰、美国建造的福特级航空母舰等一批新式战舰都采用了电力推进。

2. 船舶电力推进装置的发展动态

随着科学技术的发展，船舶电力推进装置的发展动态大致可分为以下几点：

（1）以交流电力推进取代直流电力推进和交直流电力推进。

（2）采用计算机来提高电力推进装置的自动化程度。

（3）发展超导电力推进。

（4）以燃料电池代替现有的潜艇铅蓄电池，发展燃料电池电力推进系统。

交流电力推进装置具有极限功率大、效率高和可靠性好等优点，但是，传统的交流电力推进不能很好地解决推进电机的调速问题，因此限制了它的应用。随着电力电子技术，特别是晶闸管、电力晶体管的成熟应用，为解决交流推进电动机的调速问题创造了条件。船舶在推进结构上从燃气轮机、柴油机或核动力等单机配制到多种原动机混合配制；功率等级上从百千瓦级到数十兆瓦级不等；推进模式上更加多样化，如用途广泛的吊舱式推进。由于采用了脉宽调制和循环变频等控制技术，电力推进中推进电机的控制更加可靠，船上各种设备的用电品质得到保证。上述一系列变化使电力推进成为船舶推进技术的发展趋势。

二、船舶辅机的电气传动

船舶辅机电气传动控制系统主要包括以下几种类型的机械的电气传动控制系统：甲板机械、舱室机械等。

1. 甲板机械

甲板机械主要包括舵机、锚机、起货机、吊艇机、舷梯起落机等。船舶甲板机械的驱动方式有电动式和电动液压式两大类，其相应的控制回路为电气控制回路和电液控制回路。在电气控制回路中，现有的多数船舶仍采用继电器—接触器控制，随着科学技术的发展现在不少船舶已经把可编程控制器和单片机引入甲板机械控制系统中来，使得控制系统更可靠，操作也更方便。在电液控制回路中，为了提高系统的自动化程度，更多采用电子技术和液压技术结合的电液复合系统，使电动液压控制系统在船舶甲板机械的驱动及控制有了进一步的发展。

电动锚机一般采用双速异步电动机和三速异步电动机。其控制方式主要采用继电器—接触器控制方式，属于典型的有触点控制方式，该控制系统简单、可靠、维修方便。其调速方法采用改变磁极对数的方法进行，属于典型的断续有级调速。此种调速方法简单、可靠，但是不够经济，目前不少船舶已经把可编程控制器引入甲板控制系统中。

2. 舱室机械

船舶舱室机械主要包括：辅助锅炉、制冷装置、空调、油水分离器以及各种泵，例如海水泵、淡水泵、油泵、风机等。

辅助锅炉自动控制装置主要通过各种继电器来控制水泵、风机、油泵的适时起停来完成辅助锅炉的各种功能。可编程序控制器具有强大的逻辑功能，精确的延时，通用性强，外围线路简单可靠，输出口具有一定的驱动能力，可直接驱动接触器或采用无触点控制器（可控硅）。因此可以考虑采用可编程序控制器来实现辅助锅炉的控制功能。

制冷装置、空调等的控制装置原埋基本相同，主要是根据温度、压力等各参数来控制压缩机的适时起停以及各种故障保护。其控制线路均比较简单。

船舶上使用着各种用途的泵，根据其服务的对象不同可分为两大类。一类是服务于船舶动力装置的泵，由于船舶对其的功能要求比较多，其控制线路相对比较复杂。另一类是服务于船舶系统的泵，由于船舶对其的功能要求比较少，其控制线路一般比较简单。

本课程主要任务

在船舶机电设备中，除主动力装置、电站和消磁设备外，统称为船舶辅助机械，简称船舶辅机。通过本课程教学，使学员系统学习船舶电气传动基本知识，掌握船舶典型辅机电力拖动控制设备的基本原理，具备分析电气控制线路图的能力。根据课程要求，需要掌握的内容主要包括：

（1）第一篇：了解电气传动控制系统的基本组成、特点；理解继电器—接触器控制线路的一般分析方法，具有分析控制线路的基本能力；了解和掌握 PLC 的工作原理及 PLC 电气控制系统的设计方法，具备设计简单控制线路的能力；了解伺服控制系统的组成及特点。

（2）第二篇：以船舶典型辅机为例，掌握电力拖动控制装置的组成及原理，并分析装置控制线路图的工作原理，具备电气控制线路图的读图和设计能力。

第一篇　电力拖动控制技术

　　继电器—接触器控制系统是最简单、最基本的电气传动自动控制装置，用来完成电动机的自动起动、制动、调速、反转以及保护等控制。这类控制系统电路图较直观形象、装置结构简单、价格低廉、抗干扰能力强，因此当前很多船舶上的甲板机械和舱室机械还采用这种控制系统。本篇第一章首先讲述了船舶辅机电气传动中的继电器—接触器控制技术，主要包括船舶常用低压电器元件、电动机的基本控制环节以及交流电动机的几种起动线路。

　　可编程控制器（PLC）是在继电器控制和计算机控制的基础上开发出来的，并逐渐发展成以微处理器为基础，综合计算机技术、自动控制技术和通信技术等现代技术于一体的新型工业自动控制装置。PLC的梯形图语言程序与继电器电路的电气原理图很相似，有效克服了继电器—接触器控制系统通用性和灵活性较差的缺点，在船舶电气控制中得到广泛应用。第二章介绍了基于PLC的电气控制技术。

　　伺服控制系统在船舶机械控制中也有广泛应用，例如火炮控制、仪表的自动稳定控制、调距桨控制、减摇鳍控制、转舵控制等都采用随动控制系统。第三章以舵机随动操舵为例，介绍了基于计算机的伺服控制系统的原理及控制方式。

第一章 继电器—接触器控制技术

继电器—接触器控制系统是最简单、最基本的电气传动自动控制装置。它通常用来完成电动机的自动起动、制动、调速、反转以及保护等控制。使用该控制系统不仅可以实现控制过程的自动化，还可以实现集中控制和远距离控制。当前大多数船舶上的甲板机械和舱室机械都采用这种控制系统。即使在将来高度自动化之后，继电器—接触器控制系统仍将在船舶机械的电力拖动中占有一定的地位。

一般来说，一个电力拖动系统可以分成两大部分：一部分是用来开断、接通和控制电动机运转状态的电路系统，叫作主电路系统或主电路。由于它担负着较大的能量传输任务，所以又叫作动力线路；另一部分是根据给定的指令，依照自动控制的规律和具体工艺要求对主电路系统进行控制的电路系统，叫作控制电路系统或控制线路。船用低压电器用途广泛，种类繁多，由于动力线路和控制线路传送的能量大小和执行的职能不同，对电器元件的要求也不相同。为使读者有个比较明确的概念，在此将控制电器按使用于动力线路和使用于控制线路分开讨论。

第一节 动力线路中常用的电器元件

动力线路常用的电器元件主要有自动空气开关、接触器和熔断器等。

一、自动空气开关

自动空气开关主要用在低压动力线路中，它能手动或自动接通动力电源，并且除了能手动断开动力电源外，还能自动地切断短路、过载和欠压故障，对系统起保护作用，所以自动空气开关是一般低压控制系统中用得比较多的电器元件。

自动空气开关不能连续频繁地进行通断操作，另外，为了能迅速切断短路电流，它必须具有强大的熄灭电弧的能力和开断机构。自动空气开关配置了某些附件后，还可以扩展其职能范围，这些附件是欠压脱扣器、分励脱扣器、辅助触头和电动操作机构等。

欠压脱扣器用在那些对电压值要求较高的系统中，当电源电压低于某一数值时，欠压脱扣器将使自动空气开关断开，切断电源。

分励脱扣器用于实现远距离控制自动空气开关，切断电源。

辅助触头用于自动空气开关的控制和信号的传送。

电动操作机构用于对自动空气开关进行远距离操作。

（一）工作原理

利用图1-1所示的结构图来说明自动空气开关的工作原理。

自动空气开关手动合闸以后，动静触头闭合，脱扣连杆9为锁钩7钩住，它又将合闸连杆5钩住，使触头保持在闭合状态。发热元件14与主电路串联，当有电流流过时，它产生热量使由双金属片做成的脱扣器的下端向左弯曲，在发生过载时，脱扣器6弯曲到将脱扣锁钩推离脱扣连杆，进而松开合闸连杆，动静触头受弹簧3作用而迅速分开，切断电源。

　　电磁脱扣器有一个匝数很少的线圈与主电路串联，发生短路时，它使铁芯对脱扣锁钩上部的吸引力大于弹簧13的拉力，于是脱扣锁钩向左转动，使动静触头分开，切断电源。

　　调整热脱扣器双金属片的弯曲程度或电磁脱扣器铁芯与脱扣机构之间的气隙大小均可以对脱扣电流值进行整定。热脱扣器用于主电路的过载保护；电磁脱扣器用于主电路的短路故障保护。

　　当自动空气开关由于过载保护而断开后，应等待 2～3min 才能重新闭合，以便热脱扣器回复原位。

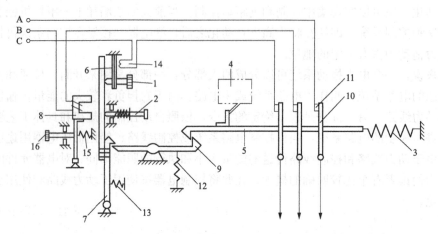

图 1-1　自动空气开关结构示意图

1—热脱扣器整定旋钮；2—手动脱扣按钮；3—脱扣弹簧；
4—手动闭合按钮；5—闭合连杆；6—热脱扣器；7—脱扣锁钩；
8—电磁脱扣器；9—脱扣连杆；10、11—动、静触头；
12、13—弹簧；14—发热元件；15—电磁脱扣弹簧；16—调节旋钮

　　自动空气开关的主触头由耐电弧合金制成，采用灭弧栅片加灭弧罩的混合方式熄灭电弧。电弧的机制及灭弧原理、方法、装置等将在后面详细论述。

　　自动空气开关的主要性能参数有主触头额定电流、热脱扣器额定电流和整定范围以及电磁脱扣器的整定范围等。

　　目前我国船舶上采用的自动空气开关主要有 DZ、DW 和 AH 系列等类型，DZ 为塑壳式（装置式）自动开关，DW 为框架式（万能式）自动开关，AH 系列为带半导体脱扣器的空气自动开关。在电气传动控制系统中主要采用装置式空气自动开关。

　　（二）自动空气开关的性能参数及其使用注意事项

　　自动空气开关的主要性能参数包括：

　　（1）主触头额定电流。

　　（2）热脱扣器额定电流。

　　（3）热脱扣器整定范围。

　　（4）电磁脱扣器的整定范围。

　　选择一种电器，实际上就是选择其应有的额定参数和结构型式。对于自动空气开关应根据被控制的电器设备的额定电流来选择空气开关的额定电流，理想的情况是使两者的额定电流相等。如果没有该等级的空气开关，则可以选择额定电流最接近而又大于该电器设备的额

定电流的自动空气开关。自动空气开关的额定电压应等于所用电源的额定电压。

自动空气开关投入使用前应先将热脱扣器和电磁脱扣器的动作电流值调整到某一需要的确定值，并维持不变，即进行参数整定。在安装自动空气开关时应注意将来自电源的母线连到开关灭弧罩一侧的端子上，来自电器设备的母线连到另一侧的端子上。在正常情况下每六个月应对开关检修一次，清除灰尘。当自动开关因线路出现短路故障而切断故障线路后，应立即对触头进行清理，检查有无熔坏和金属熔粒、粉尘等，特别是要把散落在绝缘上的金属粉尘除尽。

二、接触器

接触器是一种用来频繁通断主电路和大容量控制电路的电器，广泛地用于控制电动机和其他电力负载，具有低压释放的保护功能、工作可靠、寿命长（机械寿命达 2000 万次，电气寿命 200 万次）和体积小等优点。接触器的种类很多，按工作原理可分为电磁式、气动式和液压式。下面主要介绍电磁式接触器。

电磁式接触器是一种利用电磁铁对铁磁物质的吸引现象来带动触头动作以通断电路的自动化电器。按照控制主电路的电源种类可分为交流接触器和直流接触器两种：激磁线圈为直流，主触头用来控制直流电路通断的为直流接触器；激磁线圈为交流，主触头用来控制交流电路通断的为交流接触器。此外还有激磁线圈为直流，主触头控制交流电路的交直流接触器。按照激磁线圈的接法不同，可分为并激式和串激式两种。并激式接触器的激磁线圈与电网并联；串激式接触器的激磁线圈在电网中与负载串联，一般并激式接触器应用最广。

接触器有主触头和辅助触头。主触头用来通断主电路，辅助触头用来通断小电流的控制电路。主触头的路数称为级数。根据级数的不同可分为单级接触器和多级接触器。直流接触器一般分为单级和双级；交流接触器一般为三级；四级、五级接触器用于多速电动机控制。

（一）接触器的基本结构及基本工作原理

1. 接触器的基本结构

现以小容量直动式交流接触器为例来分析接触器的基本结构和基本原理。

交流接触器的基本结构如图 1-2 所示，其主要组成部分包括：

（1）主触头和灭弧系统。包括静触头 5、动触头 6、触头弹簧 7 及灭弧罩 14 等组成，用于接通、切断三相交流主电路，有三对主触头。

（2）辅助触头。辅助触头实际布置在三对主触头的两旁，由动合辅助触头 8、9 和动断辅助触头 10、11 组成。其中 8、10 为静触头，9、11 为动触头，用于控制电路，通过的电流较小，一般不带灭弧装置。

（3）电磁系统。由静铁芯 1、动铁芯 2（衔铁）和激磁线圈 3 组成，用于产生电磁吸力使接触器吸合。

（4）反作用力机构。主要由反力弹簧 4、触头弹簧 7、辅助触头弹簧 12 和可动部分重力与摩擦力等组成，产生机械反力，当激磁线圈断电时，使接触器打开而复位。

（5）缓冲弹簧。如图 1-2 中 13（或硅橡胶）所示，可以减少开合过程中动静铁芯之间的碰撞、触头振动，提高寿命。

2. 接触器的基本原理

当电磁系统的线圈 3 通电而激磁时，动铁芯 2 受到吸力，它克服机械反力被吸向静铁芯 1，并通过动支架使动触头 6 与静触头 5 闭合，同时也带动两侧的辅助触头动作，使动合辅

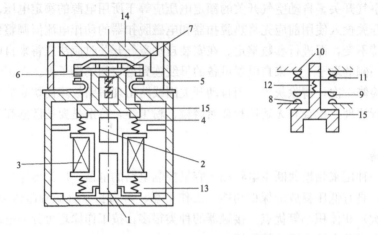

图 1-2　直动式交流接触器结构示意图

1—静铁芯；2—动铁芯；3—激磁线圈；4—反力弹簧；7—触头弹簧；5、8、10—静触头；
6、9、11—动触头；12—辅助触头弹簧；13—缓冲弹簧；14—灭弧罩；15—触头支架

助触头 8、9 闭合，动断辅助触头 10、11 打开，此时反力弹簧 4 和触头弹簧 7 均被压缩，将电磁能量储存起来，为开断做准备。线圈 3 断电后，在反作用系统 4、7 的作用下，动铁芯 2 被释放而复位，触头 5 与 6 断开，触头在分断时产生的电弧被引入灭弧罩 14 内熄灭。为了提高接触器的寿命，减少关合过程中的碰撞、振动，电磁系统需要加装缓冲装置，以吸收多余的动能。图 1-2 中，静铁芯 1 并没有固死，而是由缓冲弹簧 13 支持在底板上，在线圈通电衔铁被吸合的过程中，当电磁吸力大于或等于缓冲弹簧的反力时，静铁芯不再静止，而是克服缓冲弹簧的反力被"拉出"迎接动铁芯的到来——这便是"迎击式"缓冲装置名称的由来，直到衔铁与静铁芯闭合，电磁吸力被视为内力将动静铁芯吸合成一体，此时，由于缓冲弹簧力大于电磁系统的反力，于是，在缓冲弹簧的作用下，一起被拉回原位。

根据上述原理，进一步来分析在衔铁运动过程中，主触头的闭合过程。以上述双断点直动式结构为例，电磁系统与触头系统通过动支架连在一起做直线运动，主触头为动合桥式触头。辅助触头为动合和动断桥式触头各几对。如图 1-3 所示为主触头在关合过程中的三个位置：箭头表示衔铁通过动支架带动动触头运动的方向向下。当接触器未动作时，在触头弹簧的作用下，动支架与动触桥紧紧被压住，其间没有间隙，此时，动、静触头的位置如图 1-3（a）所示，动、静触头之间的距离 δ_1 称为触头的开距。动、静触头刚接触时，触头的压力称为初压力，当线圈通电后，在电磁吸力作用下，衔铁首先克服反力弹簧的反力，借动支架带动动触头向下运动。在衔铁尚未到达最终位置（衔铁与静铁芯接触位置）之前，动、静触头开始接触，如图 1-3（b）所示，这时动触桥与动支架仍被触头弹簧压紧。由于静触头固定，阻止动触头及触桥使之不能继续向下运动，此时衔铁尚未到达静铁芯处，需要进一步克服触头弹簧的反力才能继续前进。当衔铁带动支架继续向下运动时，主触头弹簧进一步被压缩，直到衔铁与静铁芯完全闭合为止，触头最终接触位置如图 1-3（c）所示。此时，在动触桥与动支架之间显露出一个间隙 δ_2，这个间隙称为触头的超程。触头最终接触位置的触头压力称为终压力。

通过上述关合过程的分析，可以找出触头的四个主要参数：

触头开距 δ_1 是衔铁未动作时动静触头间的距离，用以保证触头开断后必要的安全绝缘

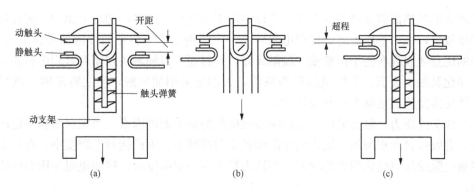

图 1-3　桥式触头的开合过程

(a) 触头在开断位置；(b) 动、静触头开始接触位置；(c) 触头最终接触位置

间隙。

触头超程 δ_2 是从动、静触头开始接触，至衔铁完全闭合为止衔铁所走的距离，或者说是触头弹簧被进一步压缩的距离，常用动触桥与动支架之间显露的间隙来表示。它是用以保证触头发生电侵蚀以后仍能可靠地接触，即保证触头压力的最小值。

触头初压力 F_1 是动、静触头开始接触时触头间的压力。初压力用以降低触头闭合过程中的弹跳。触头终压力 F_2 是衔铁完全闭合后，动、静触头之间的压力。由于触头从起始接触位置到最终位置，触头弹簧不断受到压缩，终压力恒大于初压力。终压力应使触头在闭合状态时的接触电阻小且稳定。

（二）接触器的触头系统及灭弧系统

接触器的任务是用来接通与断开负载电路，触头与灭弧系统是接触器的重要组成部分，触头是接触器的执行机构。触头有四种工作状态，开断状态、闭合状态、闭合过程、开断过程。触头在开断过程中将产生电弧，必须具有足够的开距及爬电距离，以便可靠地熄弧，但过大的开距将增加电磁系统的负担。触头在闭合状态下，触头及导电回路必须具有足够的电动稳定性和热稳定性。触头在闭合过程中，由于触头系统具有一定的质量和闭合速度，将产生触头间的碰撞和振动，如果电路的电压较高，当触头间隙减小至碰撞前被击穿，触头的振动会引起触头间的连续短弧。由于电弧的高温作用，将引起触头的熔焊与电侵蚀。电弧会烧坏绝缘，甚至造成电源短路等事故。

1. 触头的接触形式及接触电阻

触头的接触电阻主要包括两个部分：收缩电阻和膜电阻。在两个导体或两个触头的接触面表面，即使加工再精细，其接触面也不可能完全接触，实际接触的往往只是若干个点。在接触点附近，电流线剧烈收缩，电流只能从这些接触点上流过，由于接触面积小于视在面积，致使触头存在一定的收缩电阻；同时，触点表面存在一些导电性能很差的物质，致使接触面存在膜电阻。为保证触头长期工作的可靠性，希望得到低值而稳定的接触电阻。影响接触电阻的因素主要有接触形式、压力、温度、触头表面状况以及触头材料等，现分述于下。

（1）接触形式。触头的接触几何形状可分为点接触、线接触和面接触三种形式。接触形式对接触电阻的影响，视接触压力的大小而异。当接触压力较小时，面接触的接触电阻反而比点、线接触大。继电器触头压力小，多采用点接触形式，而且对触头的曲率半径有要求，以保证必要的压强，最大限度地破坏和清除膜电阻的影响。一般说来，点接触虽然膜电阻小，但触头的散热面积及热容量均小，所以多用于小电流。线接触的压力集中，实际接触压力的强度较大，在中等压力时，接触电阻较小，广泛用于中等容量的接触器及自动开关中。线接触的优点还表现在便于调整使之接触良好，并且还可以使触头在闭合过程中有相对运动而自动净化其触头表面。大容量的触头系统，大部分采用面接触，使之有足够大的导电面积，当然也需要施加足够大的触头压力。

（2）触头的压力。触头的压力是影响接触电阻的最重要的因素。当视在面积一定时，压力越大，有效接触面积增加，使收缩电阻和膜电阻都减小，因此接触电阻变小。在压力较小时，接触电阻受压力变化的影响较大。当压力增加至一定限度后，接触电阻受压力变化的影响甚微。

（3）触头的表面状况。触头表面状况对接触电阻的影响很大，特别是触头表面的氧化，因为许多导体的氧化物本身并不导电，这种氧化物在接触表面出现，就引起接触电阻的剧烈增加。为了防止触头表面的氧化或者减少其他影响，通常采用下列方法：①增加触头压力，使接触面间的氧化膜被压碎；②使动、静触头在闭合过程中有相对滑动，以清除氧化膜，例如单断点转动式接触器；③在触头表面加覆盖层，如镉、锡、锌、银等，例如铜触头镀银、铝接触面搪锡等。银的氧化膜导电性能与纯银相近，锌氧化膜有自动裂开的性能。锡对大气的影响很稳定。镉对硫化气体和氯的作用十分稳定。

触头表面的光洁度对接触电阻也有较大的影响。对于大、中电流的触头表面，一般不要求精加工，重要的是平整，两个平整而较粗糙的平面接触在一起，接触点数目较多，且能有效地清除氧化膜。相反，精加工的表面，当装配稍有歪斜时，接触点显著减少。对于某些小功率继电器，触头电流小到毫安以下，在这种情况下，为保证接触电阻值小而稳定，要求触头光洁度高。光洁度高的触头不易受到污染，也不易生成膜电阻。为了达到较高的光洁度，往往采用机械、电或化学抛光工艺。

（4）触头的温度。触头的温度升高后，金属的电阻率有所增大，但材料硬度有所降低，使有效接触面积增大。前者使接触电阻增加，后者使接触电阻减小，两者相补，所以接触电阻变化不大，但当触头电流长期超过额定值时，温度升高，引起接触表面氧化，于是接触电阻急剧上升，发热更甚，形成恶性循环。为了使接触电阻小且保持稳定，长期工作时触头的允许温升不得超过国家标准规定的数值。

（5）触头材料。对触头材料的要求是接触电阻小、触头温升低，抗熔焊性好以及耐电侵蚀能力强，有利于正常接通电路和提高电器的开断容量。触头材料的电阻系数越大，其接触电阻也越大。抗压强度越小，实际接触面积越大，接触电阻也就越小。因此在接触连接处，常用较软的金属覆盖在硬金属上，例如铜触头搪锡等，银的电阻率小于铜，但银比铜贵，所以常采用铜镀银或镀锡的办法，铝在常温下几秒内就氧化，其氧化膜电阻甚大。铝一般只用作固定连接，并采用表面覆盖银、铜、锡等方法以减少接触电阻。金、铂、铱等化学性质稳定，导电性能好，但价格昂贵，一般只用于小型继电器的弱电流触头。

2. 电弧的产生与熄灭

在电焊中可以看到，当焊条从钢板上拉开时，在拉开的间隙中会产生电弧。此时电焊机中有电流流过，说明电弧是电流在空气中流通的途径，即电路仍然是通路的。由于电弧的燃烧产生高温，焊条熔化，把钢板焊接起来。如果把焊条提高，电弧变小，提高到一定距离，电弧便自动熄灭。由此可知，电弧的产生要具备一定的条件，即电路断开的两端（电弧两端）存在一定的电压值。电弧发生后，要维持燃烧，需要相当粗细的电弧，即要保持一定数量的电流流通，否则，电弧便会熄灭。电弧两端的电压和电流，实质上反映了电弧中存在的电阻大小的问题。

在大气中开断电路时，如果电源电压超过 10～20V，被开断的电流超过 0.25～1A，触头间隙便产生电弧。电弧可视为一种导电气体，它具有温度高，发光强的性质，被广泛用于焊接、冶炼、强光源等各个技术领域。电弧现象在触头断开时同样会存在。对电器而言，当触头间产生电弧时，一方面使电器仍保持导通状态，延迟了电路的开断，另一方面将烧坏触头，并危及绝缘，在最严重的情况，甚至会引起电器爆炸与火灾。因此，接触器中通过大电流的触头一般都要安装灭弧装置来使电弧迅速熄灭。通交流电和通直流电的触头在断开时产生的电弧（火花）具有不同的特点，故采用的熄弧措施是不同的。

电弧实际上是气体放电的一种形式。气体通常是不导电的，但在电场、高温等因素的作用下，气体被游离而产生带电粒子——电子、正离子和负离子，气体便能导电。产生游离的原因有高电场发射电子、阴极发射电子、碰撞游离和热游离。

（1）高电场发射。触头刚分开时，触头之间的距离很小，线路电压在这很小的空隙内形成很高的电场强度，触头表面势垒厚度减少，自由电子可能在常温下穿过势垒从阴极表面逸出，这种因高电场产生的电子发射称为高电场发射。因为这种发射不需要热作用参与，所以也叫冷阴极发射。电场强度越大，高电场发射的电流密度越大，并且还和金属材料的性质有关，材料的逸出功越小，高电场发射的电流密度越大。

（2）热发射。当触头表面温度很高时（2000～2500K），金属表面的自由电子便获得足够的动能而逸出金属。这种因高温而产生的电子发射称为热发射。阴极温度越高，热发射的电流密度越大。反之，当阴极温度越低时，热发射电流密度越小，当温度过低时，不产生热发射。热发射也与金属材料有关，对逸出功越小的材料，热发射的电流密度越大。

（3）光发射。当红外线、紫外线以及其他射线照到金属表面时，引起电子从金属表面逸出，这种过程叫光发射。光波越短，光发射的能力越强。

（4）二次发射。当正离子在电场作用下以很高的速度撞击阴极，或者电子以高速度撞击阳极时，也可能使金属电极表面发射电子，此过程叫二次发射。在气压较高的放电间隙中，通常阴极表面附近电场强度较高，所以阴极表面二次发射较强，并在气体放电过程中起重要作用。

（5）碰撞游离。由阴极发射出来的电子，在触头电场的作用下获得能量而加速前进，碰撞到另一中性气体分子时，如果动能大于中性分子的游离能，则电子的动能可能传给中性分子的外层电子，使它脱离原子核的引力范围成为自由电子，这种现象叫碰撞游离。如果电子获得的能量不够大，在碰撞中性分子时，使分子内能增加，它经过第二次甚至更多次的碰撞才能使中性分子游离，这个过程称为累积游离，碰撞游离的过程在许多情况下是累积游离的过程。在引起碰撞游离的几种带电粒子中，电子具有最主要的作用，这是因为电子的体积小、质量轻，当自由行程较长时，就容易加速而积累足够的动能。这种碰撞游离是由于电场的作用而产生的，所以又称为电场游离。电场强度越大，电子运动的速度也越大，获得动能越大，碰撞游离的作用也越强。

（6）热游离。当气体温度达到 3000～4000K 以上时，气体中的中性原子或分子由于高速的热运动而互相碰撞，产生显著的热游离。相同的温度下，由于金属蒸气的游离电位小于一般气体的游离电位，所以金属蒸气更容易产生热游离。热游离实质上也是碰撞游离，只不过游离的原因是由高温引起，所以温度越高，热游离作用越强。电弧燃烧时，温度可高达5000K以上，触头材料蒸发为蒸气，热游离作用甚为显著。

（7）光游离。中性粒子受到光的照射，当光子的能远大于气体原子或分子的游离能时，在空间就产生光游离，光的频率越高（波长越短），其游离作用越强。所以，X射线、α、β、γ射线和宇宙射线比紫外线有较强的游离作用，而可见光几乎不能引起气体游离。

（8）消游离。在触头分断的过程中，由于阴极不断发射电子，游离不断加剧，带电粒子越来越多，终于使触头间的气隙由绝缘变成了导电状态，产生了电弧。游离气体中带电粒子失去电荷变成中性粒子的现象，叫作消游离，实际上，在电弧燃烧、游离产生的同时，消游离的过程也同时存在。消游离的过程通过复合与扩散两种方式完成。

1）复合。两个带有异性电荷的粒子相遇后，互相吸引而消失电荷，形成中性粒子的现象叫复合，有表面复合和空间复合两种。表面复合是指带电粒子在固体表面结合成中性粒子。例如电弧与金属栅片相接触，接近栅片的带电粒子在金属表面感应出异性电荷，由于库仑吸力的作用，此带电粒子被吸引在栅片表面，如果附近再有带相反电荷的粒子，则此正、负粒子互相吸引而复合。在绝缘材料表面，由于绝缘体被带电粒子感应极化后，能吸引异性带电粒子，因而也会产生类似金属表面的复合过程。空间复合是带电粒子在放电间隙（极间空间）复合的现象。正离子与电子相遇，可直接结合成中性粒子，称为直接复合；电子黏附在中性粒子上，再与正离子相遇而复合，形成两个中性粒子，叫间接复合。由于电子运动速度很大，直接复合很困难，所以间接空间复合的概率比直接复合概率大得多。复合过程受温度、气体种类和压力等因素的影响。温度高时，带电粒子运动速度大，复合的机会小。反之，温度低时，带电粒子运动速度低，复合的机会大，因此，人为地降低电弧温度，有效地增强复合过程，有助于电弧的熄灭，在一定的压力范围内，当气压增高，气体密度增大，离子相遇的机会增多，也会增强气体的复合过程。

2）扩散。电弧表面的带电粒子由浓度高处向浓度低处运动，这种过程称为扩散。由于电弧是一个高温且离子高度密集的空间，电弧中的带电粒子会向周围的介质不断扩散出去。扩散出来的离子和电子，因冷却而相互结合成为中性分子。这种过程在电弧周围的介质中进行。由此，电弧温度对扩散作用的影响很大，周围介质的温度越高，扩散作用越强。向电弧空间强迫注入大量新鲜空气，或利于磁场力的作用使电弧在空气中迅速运动，将使扩散作用强烈。

灭弧装置的作用，实质上就是利用各种原理，加速电弧中带电粒子的复合与扩散，使电弧迅速冷却而熄灭。电弧熄灭后，触头间的气体便由导电状态转化为绝缘状态，即介质得到恢复。

3. 常用的几种灭弧装置

由于交流电弧电流过零时，触头间隙的介质强度能迅速恢复，当电压为220V及380V，开断电流较小时，可以利用双断点来提高介质恢复强度，不需要外加灭弧装置。当开断电流较大时，为减小电弧对触头的电侵蚀及限制电弧的扩展空间，需采用灭弧装置。常用的几种灭弧装置的工作原理如下。

（1）利用导电回路磁场产生电动力拉长电弧。如图1-4所示为某交流接触器中触头及导体的导电回路，当动触头向上运动与静触头分离时，在左右两个弧隙中产生两个彼此串联的电弧。它们一方面被切向拉长，另一

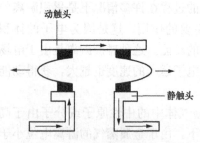

图1-4　接触器触头及导电回路

方面受导电回路磁场产生的电动力作用，向两侧做法线运动，使电弧受到拉长和冷却。

（2）利用弧角和磁吹线圈。在开断大电流时，为了获得更大的电动力驱使电弧进入灭弧室，可采用如图1-5所示的磁吹线圈以产生附加的磁场。图1-5中磁吹线圈由几匝粗导体绕成，它在电路上与静触头串联。为了减小磁路的磁阻以增大穿过触头间隙的磁通，在磁吹线圈的中心装一铁芯，铁芯两端面平行地固定着两块磁性夹板，动、静触头便安置在两磁性夹板之中。当触头处于闭合状态，电路中通过电流时，磁吹线圈中产生磁通，此磁通穿过铁芯和磁性夹板并在夹板之间形成磁场，其方向垂直纸面向下，用"+"表示。当动、静触头分开并产生电弧时，由于磁夹板，即弧区磁场方向与电弧轴线垂直，根据左手定则，电弧

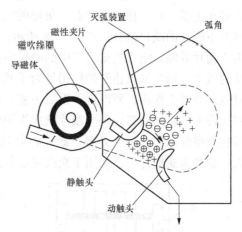

图1-5　磁吹灭弧装置

受电磁力F的作用向右上方运动，并移到弧角上，然后进入灭弧装置而熄灭。灭弧角的存在减少了电弧在触头上停留的时间，引导电弧迅速进入灭弧装置，因而保护了触头免于电弧的电侵蚀。该装置在直流接触器中得到广泛应用。

（3）纵缝灭弧装置。这种灭弧装置是利用磁吹线圈产生的磁场将电弧驱入由耐弧绝缘材料（石棉水泥、陶土等）制成的纵缝灭弧室进行灭弧。所谓纵缝，就是灭弧室的缝隙方向与电弧的轴线平行。在纵缝中，当灭弧室的壁间缝隙距离小于电弧直径，称为窄缝。反之，壁间缝隙距离大于电弧直径者，称为宽缝。它既可用于熄灭直流电弧，也可用于熄灭交流电弧。其结构如图1-6所示。

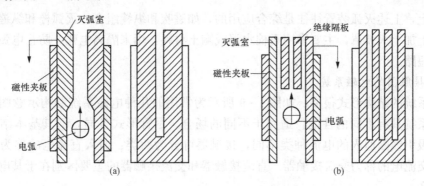

图1-6　纵缝灭弧装置结构示意图

（4）绝缘栅片灭弧装置。这种灭弧装置如图1-7所示，灭弧装置1中装有耐弧材料制成的几片绝缘栅片2，栅片的边缘和电弧3的轴线垂直。当开断电流时，触头4和5之间产生的电弧在磁吹线圈磁场的作用下向上运动，由于受到栅片的阻挡，电弧便弯曲成如图中的曲线。由图1-7可知，当磁场的方向垂直于纸面向下时，电弧所受的电动力将使电弧拉长并压向绝缘栅片顶部，增大电弧与栅片表面的接触面积，从而加强了电弧的冷却与消游离作用。

（5）金属栅片灭弧装置。这种金属栅片灭弧装置又称为去离子栅灭弧装置，其结构如图

1-8所示，灭弧装置内装有许多由钢板冲成的横向栅片1，栅片外面镀铜以增大传热能力，并防止生锈。每一栅片上冲有三角形的缺口，缺口的位置与栅片中心线稍有偏离。安装时，将上下栅片的缺口错开，如图1-8所示。当装在缺口附近的动静触头分开并产生电弧3时，由于栅片导磁，电弧电流所产生的磁通力经过磁阻最小的路径，因而产生一种将电弧拉向栅片的吸力。栅片缺口错开的作用是为了减少电弧开始进入栅片时的空气阻力。由于栅片本身对电弧有吸引作用，所以这种灭弧装置一般不需要装磁吹线圈。电弧穿过栅片后，被栅片分割成许多串联的短弧，每个栅片就成为短电弧的电极，一方面使每个栅片间的电弧电压不足以达到燃弧电压，另一方面，栅片将电弧产生的热量传出而使电弧迅速冷却，促使电弧熄灭。这种金属栅片广泛应用于交流接触器中。

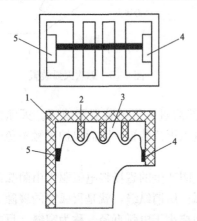

图1-7　绝缘栅片灭弧装置结构示意图

1—灭弧装置；2—绝缘栅片；3—电弧；4、5—触头

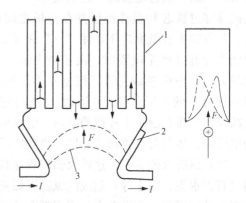

图1-8　金属栅片灭弧装置结构示意图

1—栅片；2—触头；3—电弧

　　实际上，上述灭弧装置往往是综合应用的，如磁吹和纵缝组合，灭弧栅和纵缝组合。通常在触头上加上灭弧罩，主要采用石棉水泥或陶土材料，用来隔离电弧，防止电弧在极间飞跃而造成短路。

　　（三）接触器的电磁系统

　　电磁系统的结构形式很多，如图1-9所示为常用的几种电磁系统结构示意图。不同形式的电磁系统具有不同的性能，适用于不同的场合。尽管形式各异，但其基本结构组成相同。根据吸引线圈通入的电流种类不同，接触器可分为两类：通入直流电的称为直流接触器；通入交流电的称为交流接触器。直流接触器和交流接触器的主要区别在于其电磁系统的结构不一样。

　　1.直流接触器的电磁系统

　　因为吸引线圈通入直流电，其磁路中的磁通是恒定不变的。因此，其电磁系统结构特点是：

　　（1）磁路。铁芯、磁轭和动铁一般用低碳钢制成，铁芯呈圆柱形（便于车削加工且成本低）。

　　（2）线圈。圆柱形的铁芯导致线圈也绕成圆柱形。

　　2.交流接触器的电磁系统

　　其吸引线圈通入交流电，因此产生的磁通是交变的。其电磁系统的特点是：

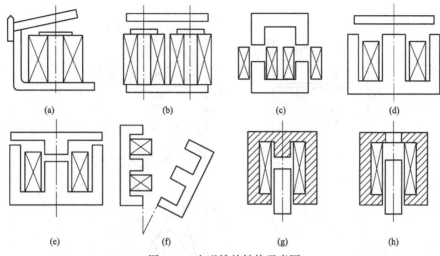

图 1-9 电磁铁的结构示意图

(a) 拍合式；(b) 单 U 直动式；(c) 双 U 直动式；(d) 单 E 直动式；(e) T 形直动式；

(f) 双 E 转动式；(g) 有挡铁装甲螺管式；(h) 无挡铁装甲螺管式

(1) 磁路。交变的磁通在磁路中会引起涡流损耗。为此，其铁芯、磁轭和动铁均由硅钢片迭成。铁芯呈方形（便于加工和堆迭）。

(2) 线圈。方形的铁芯导致线圈也绕成方形。

(3) 短路环。在方形铁芯端面上安装短路环，以消除触头振动，如图 1-10 所示。

由物理学可知，电磁铁的吸力 F 和磁通的平方成正比。在交流电磁铁中，由交变的磁通产生的吸力以二倍于电源频率周期变化着。在每个周期内，均有某一段时刻吸力小于反力，此时衔铁就开始释放，而当吸力大于反力时，衔铁又被吸合，周而复始，就使衔铁产生振动，同时发出噪声，对电器的工作十分不利。

为了消除交流电磁铁的振动和噪声，特在方形铁芯端面上嵌入一个铜环，称为短路环，铜环只包围铁芯端面的一部分，如图 1-10 所示。短路环的存在，使磁极表面的磁通分成两部分：短路环外的磁通为 Φ_A，短路环内的磁通为 Φ_B。短路环又称分磁环，其作用和涡流一样，阻止环内磁通 Φ_B 的变化，形成磁路中的磁抗 X_k。磁极表面装有短路环后，在等值磁路图中，将磁极处的磁路分成并联的两条支路，未被短路环包围的部分以相应于该部分尺寸的气隙磁阻 R_a 表示，被短路环包围的部分则以相应于该部分尺寸的气隙磁阻 R_b 和磁抗 X_k 来表示。当 Φ_B 通过短路环时，由于 Φ_B 按正弦规律变化，在短路环中产生感应电势 E_k，滞后于 $\Phi_B 90°$，因而在短路环中形成感应电流 I_k，I_k 几乎与 E_k 同相（忽略短路环的电感），而感应电流 I_k 又产生磁通 Φ_k，Φ_k 与 I_k 同相，它们的矢量如图 1-10 (c) ～ (f) 所示。

短路环产生的磁通 Φ_k，滞后于 $\Phi_B 90°$，从短路环内部铁芯出来后，经过气隙，再从反方向穿入短路环外部铁芯，组成闭合回路。因而环内部分的磁通 Φ_2 是 Φ_k 与 Φ_B 的矢量和，在环外部分的磁通 Φ_1 是 Φ_A 与 $(-\Phi_k)$ 的矢量和，即由于短路环产生磁通 Φ_k，气隙磁通由 Φ_A、Φ_B 变为 Φ_1 与 Φ_2，Φ_1 与 Φ_2 合成为 Φ_δ，Φ_1 超前 Φ_δ 一个相位角 φ_1，Φ_2 滞后 Φ_δ 一个相位角 φ_2，环内外磁通的相位差为 $\varphi = \varphi_1 + \varphi_2$，其中 Φ_1、Φ_2、Φ_δ 的波形图如图 1-10 所示。

由于气隙磁通 Φ_δ 被分成两个不同相的磁通 Φ_1 与 Φ_2，当磁通 Φ_1 过零时，Φ_2 不过零，在磁通 Φ_2 过零时，Φ_1 也不过零。这样，两磁通所产生的吸力 F_1 和 F_2 也有一个相位差。虽然 F_1

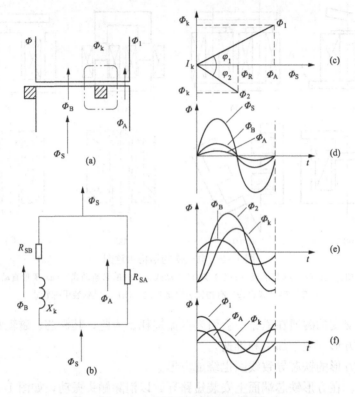

图 1-10　短路环及其特性曲线

和 F_2 各自都有到达零值的时刻，但不同时为零，因而二者合成后的吸力没有达到零值的时刻，如图 1-11 所示。如果合成后吸力在任一时刻都大于反力，虽然吸力的脉动仍然存在，但衔铁的振动已被消除。

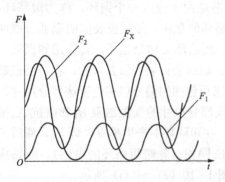

图 1-11　有短路环时磁通吸力的变化曲线

（四）接触器的主要技术参数及选用

1. 接触器的主要技术参数

（1）额定电压。额定电压指主触头、辅助触头及线圈的长期工作电压。根据我国的电压标准，接触器主触头的额定工作电压为交流 380、660V 及 1140V；直流 220、440、660V 及 1500V。辅助触头为交流 380V；直流为 110V 或 220V。对于激磁线圈的额定电压为 36、127、220V 或 380V 等。额定电压的大小直接影响到触头的开距、开断能力及绝缘要求等。

（2）额定电流。额定电流指主触头长期正常工作电流。接触器的额定电流等级为 5、10、20、40、…、4000A 等，额定电流的大小直接影响载流导体的结构尺寸、结构形式及触头终压力等。

（3）动作值。动作值指接触器的吸合电压和释放电压。我国颁布标准规定接触器在线圈电压 85% 以上时应可靠吸合。释放电压不高于额定电压的 70%。

（4）接通与分断能力。接通与分断能力指接触器的主触头在规定条件下能可靠地接通与开断的最大电流值，根据不同的控制对象及操作条件，国际电工委员会标准（IEC 158 - 1）规定将接触器的使用范围分为几种使用类别：交流接触器分为 AC1、AC2、AC3、AC4 等；直流接触器分为 DC1、DC3、DC5 等。不同的使用类别，接触器的工作条件存在很大差异，分为轻任务（或一般任务）接触器和重任务接触器。交流接触器各种使用类别的典型用途及对其接通与分断能力的要求见表 1 - 1。

表 1 - 1 　　　　　　　　　　　交流接触器的接通和断开条件

类别	典型用途	额定电流（A）	接　　通			开　　断		
			I/I_e	U/U_e	$\cos\varphi$	I_c/I_e	U_r/U_e	$\cos\varphi$
AC1	无感或微感负载、电热炉	全部值	1.5	1.1	0.95	1.5	1.1	0.95
AC2	线绕式电动机起动、运转、反接制动和反向	全部值	4	1.1	0.65	4	1.1	0.65
AC3	鼠笼电动机起动、运转中断开电动机	$I_e \leqslant 100$	10	1.1	0.65	8	1.1	0.65
		$I_e > 100$	8	1.1	0.35	6	1.1	0.35
AC4	鼠笼电动机起动、反接制动与反向、频繁通断	$I_e \leqslant 100$	12	1.1	0.65	8	1.1	0.65
		$I_e > 100$	10	1.1	0.35	6	1.1	0.35

表 1 - 1 中用额定电压的倍数、额定电流的倍数及功率因素或时间常数等来表示。由于低压电网允许的电压波动范围为 85%～110% U_e，所以做接通、开断能力试验时，电压应取波动的最大值，即 1.1 倍额定电压。由于交流绕线式电动机和直流并激、串激电动机起动时，都使用起动电阻以限制起动电流，所以接通和开断电流的倍数比直接起动的鼠笼式电动机的电流倍数要小。鼠笼式电动机容量大小不同时，起动电流及功率因素也有所不同。在交流接触器中，AC4 类的工作任务最重，考核条件最为苛刻，接通电流为额定电流的 12 倍，分断电流为额定值的 10 倍，即对它的接通与开断能力要求最高。

（5）操作频率。操作频率指每小时允许的操作次数，可分为 300 次/小时、600 次/小时和 1200 次/小时等几种。操作频率越高，接触器的工作任务就越重。

（6）工作制。

1）八小时工作制。接触器带上稳定的负载，主触头闭合时间足够长，电路各部分发热均达到稳定温升。这是基本工作制，接触器的额定电流便是根据这个工作制来决定的。

2）长期工作制。在某些特定的装置中，例如动力站中的接触器，主触头长期处于闭合状态（几个月甚至几年）。由于长期不断开，触头上的氧化物和污物不能清除，使触头温升升高，所以在长期工作制下工作，应适当降低接触器的负载。

3）反复短时工作制。触头闭合工作时间与断开休息时间都很短，且反复循环下去，在工作时间内主触头回路各部件温升尚未达到稳定值，而在休息时间内各部件温升也降不到周围介质的温度。工作时间与整个循环时间（周期）的比值称为通电持续率 T_D，即

$$T_D = \frac{t_{\text{work}}}{t_{\text{work}} + t_{\text{rest}}} \tag{1 - 1}$$

通电持续率的标准有 15%、25%、40% 和 60% 等几种。一般接触器大多工作在这种情况下，即用于频繁地接通与断开电路。

4）短时工作制。由于工作时间不长，主电路各部分均未升到稳定温升，而休息时间长，

各部分温度能冷却到周围介质的温度。因此对于短时工作制工作的接触器，允许适当增加负载。

（7）机械寿命与电气寿命。机械寿命是指接触器承受机械磨损的能力，用无负载（即不带电）下的操作次数表示，电气寿命是指主触头在额定条件下带电操作的极限次数。由于接触器多用于操作频繁的场合，为保证一定的使用时间，对机械寿命及电气寿命要求较高。接触器机械寿命可达数百万次以至 1000 万次以上，电气寿命按不同的使用类别和不同的机械寿命级别又有一定的百分比，一般为机械寿命的 5%～20%。尽管电气寿命较高，但由于高频率的操作，使用的时间并不长。

2. 接触器的选用方法

（1）选取接触器的型号。各系列接触器都是根据一定使用类别设计的，故应根据负载的情况选取相应的接触器。例如用于控制电阻炉时，选用 AC1 型交流接触器，用于控制鼠笼式电动机的起动、运转及停机则选用 AC3 型交流接触器等。此外还应注意负载的工作制，用于长期工作制时，选用具有银或银基合金触头的接触器，如 CJ10 和 CJ20 系列。如果使用了铜触头的接触器，如 CJ12 系列，则应将接触器的额定电流降低到八小时工作制时的 50% 以下使用。因为尽管 CJ12 系列为重任务接触器，其触头系统的灭弧性能好，能执行电动机反接制动、频繁接通与切断等重任务，但在长期工作时，它的铜触头导电性能却比 CJ10 和 CJ20 系列的银或银基触头要差得多。

（2）接触器的额定电压。它应大于、等于主回路的额定电压。

（3）接触器激磁线圈的额定电压。它等于控制回路的额定电压。

（4）接触器额定电流。额定电流等级的选择可按下述方法进行：

1）按规定的使用类别使用时，接触器的额定电流应等于或大于负载额定电流；

2）轻任务接触器用于重任务时，应降低容量使用。

例如当需要控制 4kW 鼠笼式电动机的起动、运转和停止时，对于这种一般任务，应选用 AC3 型接触器，如 CJ10 - 10A 即可。但当电动机的工作加重，除起动外，还有反接制动、频繁通断等重任务，此时则应选用 AC4 型接触器（如 CJI2 系列）。如果受条件限制，只能用 AC3 型接触器时，则应将其容量降低一个等级使用。即要选用 CJ10 - 20A 接触器才能控制 4kW 的电动机，或者换言之，CJ10 - 10A 接触器只能控制 2.2kW 的电动机。

3）用于反复短时工作制的接触器，其额定电流应大于负载的等效发热电流。

图示给出了反复短时工作制时的负载电流图，其等效发热电流可按式（1-2）计算

$$I = \sqrt{\frac{1}{T}\int i^2 \mathrm{d}t} = \sqrt{\frac{I_1^2 t_1 + I_e^2 t_2}{T}} \tag{1-2}$$

式中　I——负载等效发热电流；

　　　I_1——电动机的起动电流；

　　　I_e——电动机的额定电流；

　　　T——周期，为工作时间与休息时间之和；

　　　t_1——电动机的起动时间；

　　　t_2——电动机在额定电流时的通电时间。

t_2 可按式（1-3）计算：

$$t_2 = T \cdot T_D - t_1 \tag{1-3}$$

式中 T_D——通电持续率。

在使用中，通常先知道电动机的铭牌数据，如额定电压、额定电流、功率因素、效率、额定功率和每分钟转数等，需要选择一个适宜的接触器。此时应首先根据电动机的工作条件（即使用类别）确定接触器的种类、系列，然后选择接触器的电流等级。通常接触器的铭牌上只标出额定电压、额定电流，而不指明控制功率。这是因为接触器所能控制的功率（是指能给予负载的输入功率），取决于被控对象的电压、功率因素、效率等，而负载铭牌上则标出的是输出功率。因此欲求得接触器的实际控制功率，必须考虑负载因素，在一般情况下，可按式（1-4）计算

$$P = \sqrt{3}U_{ed}I_{ed}\cos\varphi\eta \tag{1-4}$$

式中 U_{ed}——主电路额定线电压；

I_{ed}——负载（电动机）额定电流；

$\cos\varphi$——电动机的功率因素；

η——电动机的效率。

三、熔断器

熔断器是一种结构简单、使用方便、价格低廉的保护电器。使用时串联在电路中，当电路或用电设备发生过载或短路时，熔体能自身熔断，切断电路，阻止事故蔓延，因而能实现过载与短路保护，无论是在强电系统或弱电系统中都得到广泛应用。

熔断器的结构可分为：

（1）开启式。

（2）半封闭式。

（3）封闭式。

封闭式熔断器又可分为有填料管式、无填料管式及有填料螺旋式等。

熔断器按用途可分为：

（1）一般工业用熔断器。

（2）保护硅元件用快速熔断器。

（3）具有两段保护特性、快慢动作熔断器。

（4）特殊用途熔断器，如直流牵引用、旋转励磁用以及有限流作用且熔而不断的自复式熔断器等。

（一）熔断器的工作原理

熔断器主要由熔体、安装熔体的导电零件及绝缘座、绝缘管等组成。熔体串联在电路中，当电路的电流为正常值时，熔体由于温度低而不熔化。如果电路中发生过载或短路时，电流大于熔体的正常发热电流，熔体温度急剧上升，超过熔体金属的熔点而熔断，分断故障电路，从而保护了电路和设备。

熔断器断开电路的过程包括四个阶段：

（1）熔体升温阶段。

（2）熔体熔化阶段。

（3）熔体金属气化阶段。

（4）电弧的产生和熄灭阶段。

在熔断器灭弧能力极限范围内，电流越大，熔断器的有效灭弧能力越强，燃弧时间越

短。熔断器熄灭电弧的方法大致有两种：一种是将熔体装在一个密封绝缘管内，绝缘管由高机械强度材料制成，并且这种材料在电弧的高温下能分解出大量的气体，使管内产生很高的压力，用以压缩电弧和增加电弧的电位梯度，达到灭弧的目的。另一种是将熔体装在绝缘的石英砂粒填料的熔管中，在开断电路产生电弧时，金属蒸气和游离气体可以扩散到砂粒的缝隙中，由砂粒填料吸收能量，从而达到熄弧的目的。

（二）熔断器的主要技术参数

1. 额定电压与额定电流

熔断器的额定电压是指熔断器长期工作时所能承受的电压。由于熔断器能通用于交直流电路，在交流中又可使用于三相或单相电路，因而实际电路的电压等级较多。为了减少熔断器的额定电压等级，目前我国生产的低压熔断器额定电压有：220、250、380、500、750、1000、1140V。

熔断器的额定电流是指熔断器在长期工作制下，各部件温升不超过规定值时所承载的电流，即不熔断电流。为了配合不同的线路电流需要，熔断器中熔体的额定电流等级很多。通常把可以装入内的最大熔体的额定电流标称为熔断器的额定电流，以 RL1 系列螺旋式熔断器为例，额定电流等级见表 1-2。

表 1-2　　　　　　　　　　　　RL1 系列螺旋式熔断器的技术参数

型号	熔断器额定电流（A）	熔体额定电流（A）	极限分断电流（有效值/A）$\cos\varphi \leqslant 0.3$	
			380V	500V
RL1-15	15	2、4、6、10、15	2000	2000
RL1-60	60	20、25、30、35、40、50、60	5000	3500
RL1-100	100	60、80、100	50000	20000
RL1-200	200	100、120、150、200	50000	50000

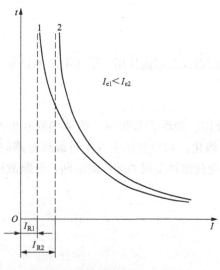

图 1-12　熔断器的保护特性
1—熔体的额定电流 I_{e1}；2—熔体的额定电流 I_{e2}

2. 分断能力

熔断器的分断能力是指在规定工作条件（电压和功率因数）下，熔断器能分断的最大短路电流值。螺旋式熔断器在不同的电源电压下相应的极限分断能力见表 1-2。

3. 保护特性

熔断器流过电流与熔断时间的关系曲线称为熔断器的保护特性或安秒特性，它是选用熔断器的依据之一。如图 1-12 所示，它具有反时限特性，即电流越大，熔断时间越短；反之，电流越小，熔断时间越长。当电流减小到某一临界数值时，熔断时间趋于无穷大，此临界电流称为最小熔化电流 I_R。熔断器在额定电流 I_e 时不应熔断，故熔化系数 β_R（$\beta_R = I_R / I_e$）恒大于 1。β_R 的大小反映熔断器在过载时的不同保护特性。例如要使熔断器能保护小过载电流，所选熔断器的熔化系数应低些（易熔断）；为了避免电动机起动时短时过电流使熔体熔断，其熔化系数应选择高些（难熔断）。通常取值为额定电流的 I_e 的（80％～85％），即熔化系数 1.3 左右。

（三）熔断器的材料和形状对性能的影响

1. 熔体的材料

熔体是熔断器的核心，熔体材料、形状及尺寸等直接影响熔断器的性能。熔体材料有低熔点金属和高熔点金属两类。低熔点材料有锡、锌、铅及其合金，一般用于开启式负荷开关、插入式熔断器及无填料封闭式熔断器中。高熔点材料多用铜、银，近年来也采用铝来代替银。低熔点材料熔化系数小，在熔断器设计时，比较容易解决在小倍数过载工作下导电触刀的温升问题。但低熔点材料的电阻率大，在一定的电阻值下截面积较大，以致在熔断后产生的金属蒸气较多，对熄灭电弧不利，从而限制了分断能力的提高。高熔点材料的电导率高，制成的熔体截面积较小，熔断时的金属蒸气少，易于灭弧，因而可以提高熔断器的分断能力。但这些材料的熔化温度较高（如铜的熔点为 1083℃），极难熔化。快速熔断器的熔体材料一般用银或铝，银的电阻系数最小，工作性能稳定，限流能力强。用铝做成的熔体，表面上产生一层牢固的氧化膜可以阻碍表面进一步氧化。而用铜作为熔体时，由于强烈的氧化作用，会严重影响其性能，可采用铜熔体表面镀银。一般熔断器也用铜作熔体，例如插入式熔断器（图 1-14）和螺旋式熔断器（图 1-15）。在 RC1 型插入式熔断器中，熔丝的额定电流在 15A 以下时用软铅丝，在 15A 以上时用铜丝。RL1 型螺旋式熔断器的熔体全部用铜丝，以满足其提高分断能力的要求，各种熔体材料的熔化系数和允许最高工作温度见表 1-3。

表 1-3　　　　熔体材料的熔化系数和允许最高温度

熔体材料	熔化系数	熔体额定工作时允许最高温度（t/℃）
铜	1.6～2	250
银	1.15～1.6	420
铜（带有锡溶剂）	1.4～1.5	200
锌和铅	1.25～1.45	200～270
易熔合金	1.15～1.3	<200
铝	1.2～1.6	<350

自复式熔断器采用金属钠为熔体，它的优点是：钠在常温下硬度很低，有良好的可塑性，导电系数高，钠的沸点低（883℃），在高温等离子气态下电阻系数极高，因此是自复式熔断器较理想的熔体材料。

2. 熔体的形状

熔体的形状大体有两种：丝状和片状。丝状熔体多用于小电流场合，片状熔体又分为两种，一种是便于用户自行更换的、带有宽窄不等的变截面锌熔体，如图 1-13 所示。另一种是用高导电系数材料（银、铜、铅）薄片冲成的变截面熔片，在并联片数较多时可做成网状或围成笼状，以便与石英砂充分接触。当电流大于规定值时，截面狭窄处因电阻大、散热差，故首先熔断，整个熔体变成几段掉落下来造成几段短弧，因而有利于熄弧。引燃栅是为了使电弧能均匀分布在各段缺口上，有利于熄弧。变截面小孔可以缩短分断短路电流时的熔断时间。

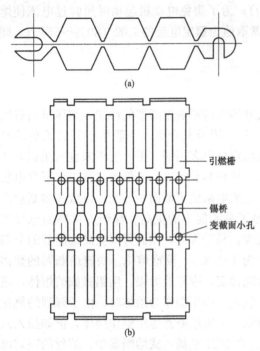

图 1-13　变截面锌熔体
(a) 片状熔体；(b) 网状熔体

引燃栅
锡桥
变截面小孔

3. 填充材料

在熔断管中加入填料是加速灭弧、提高分断能力的有效措施。熔体在分断后，游离气体和金属蒸气扩散到填料中，加强了消游离作用，使电弧迅速熄灭，同时也改善了熔断器的导热性能。对填充材料的要求是，在高温下不会分解出气体，以免增加管中的压力，填料的颗粒大小要适当，颗粒过大时，颗粒间的空隙就大，空隙中气体膨胀所产生的压力也会过大，容易使管子炸裂。当颗粒过小时空隙太小，金属蒸气不易扩散到填料的深处，因而形成金属液态桥，降低了灭弧能力。填料中不能掺杂铁等金属物质，填装前必须去铁等金属，洗净和干燥处理。使用最广泛的填料是石英砂。

4. 绝缘管材料

对绝缘管材料的要求，首先是机械强度高，并具有良好的耐弧性能。常见的瓷管（方形或圆形）多用作有填料的熔断器。滑石瓷可以进行机械加工，耐高温和高压。硬质纤维（又称钢纸纤维或反白）管常用作无填料熔断器，在电弧的高温作用下，纤维管能产生含氢的气体，增加管内压力和导热性能以利熄弧。为了便于加工和装配，绝缘管有趋向采用合成材料，如玻璃纤维增强的聚酯树脂，玻璃纤维和三聚氰酸胺混合压制的塑料等。

（四）熔断器典型产品分析

1. 开启式和半开启式熔断器

这类熔断器结构简单，没有封闭的外壳，或者虽有外壳，但不能完全防止电弧火焰及金属粒子的喷出。它的分断能力不高，熔化特性不稳定，分断过程中会有弧光喷出，并伴随有声响，只能用于短路电流不大的线路，例如民用和工业企业的照明电路中。属于这类熔断器的有：胶盖断路器中的熔丝、插入式熔断器。

2. 无填料封闭式熔断器

封闭式熔断器是将熔体封闭在绝缘管中，熔体熔断时电弧火焰不会喷出管外。根据管内有无填料，可分为无填料式和有填料式两种。如图 1-14 所示为 RM10 型管形无填料封闭式熔断器，它由钢纸纤维管、铜帽、熔片和触刀等组成。钢纸纤维管两端由铜帽所封闭，管内不充填料，熔片熔断时，电弧火焰不会向外喷出，钢纸纤维管在电弧高温作用下产生大量气体，管内压力大为增加，去游离作用增强，促使电弧熄灭。这种熔断器，由于电弧使管内产生高温、高压，因此绝缘管应选择机械强度高的材料。

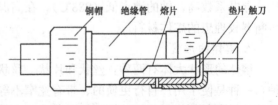

铜帽　绝缘管　熔片　垫片　触刀

图 1-14　RM10 系列封闭式熔断器

无填料封闭式熔断器的熔体，一般是用锌板冲成变截面形状。当电路发生过载或短路时，熔片上的狭窄部分与较宽部分的温度分布不同，狭窄部分被迅速加热到锌的熔点，首先开始熔化。熔体较宽部分则在管内跌落，因此金属蒸气比整个熔体熔化时要少得多，使电弧易于熄火。RM10 系列熔断器的最大优点是熔体可以很方便地更换，而且比开启式和半开启式熔断器安全。但因受纤维纸管机械强度的限制，它的分断能力不太高。从结构方面来看，所消耗的铜材也比较多。

近年来，在 RM10 的基础上，发展了 RM7 无填料封闭式熔断器，其管壳采用树脂塑料做成，具有良好的灭弧性能和很高的机械强度。为了节约铜材，将铜帽改为塑料帽。熔体为变截面薄紫铜片，中间有低熔点锡桥，利用冶金效应降低熔点，可使其保护特性进一步兼顾过载保护和短路保护的需要，并有利于提高分断能力。因此 RM7 的分断能力高于 RM10。

3. 有填料封闭式熔断器

有填料封闭式熔断器是在绝缘管内填满石英砂。在熔体熔化和蒸发过程中，金属蒸气向周围喷溅并深入到石英砂细粒的间隙中，使炽热的金属蒸气受到冷却并迅速凝聚在石英砂细粒上。由于游离气体和金属蒸气的剧烈减少，从而迫使电弧熄灭，目前，国产的这类熔断器较多，有一般工业用的 RL1 系列螺旋式熔断器，RT0 系列管式熔断器，也有用于保护硅元件的 RLS 系列、RS0 系列及 RS3 系列快速熔断器等。

如图 1-15 所示为 RL1 型螺旋式有填料封闭式熔断器，它由瓷帽、熔断管、瓷保护圈和瓷座组成。熔断管内装有一根或数根熔丝，管内填以石英砂。管盖上装有熔断指示器，当熔丝熔断后指示器跳出，可由观察孔监视，以便更换新的熔断管。管内石英砂有利于灭弧，因此这种熔断器具有较高的分断能力，由于熔体有较大的热惯性，除在一般电路中作过载和短路保护外，也常用于电力拖动控制线路中以保护电动机。

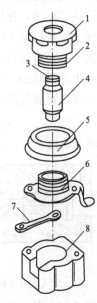

图 1-15 RL1 型螺旋式熔断器
1—瓷帽；2—金属管；3—指示器；
4—熔断器；5—瓷保护器；6—上接
线端；7—下接线端；8—瓷座

RT0 系列熔断器是一种低压有填料封闭式熔断器，广泛于供电线路及要求分断能力较高的场合，如发电厂用电，变电站的主回路及电力变压器出线端的供电线路及成套配电装置中，图 1-16 所示为 RT0 系列有填料封闭式熔断器，熔管 7 采用滑石陶瓷或高频陶瓷，有较高的机械强度和耐热性能，熔管内充满石英砂，熔体 2 用薄紫铜板冲成孔状，中间焊有锡桥并围成笼形。熔体两端点焊在金属底板上，以保证良好的接

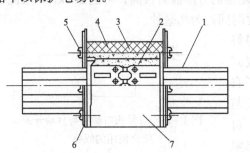

图 1-16 RT0 型熔断器
1—触刀；2—熔体；3—石英矿；4—指示熔丝；
5—熔断指示器；6—盖板；7—熔管

触，指示器 5 是一个机械信号装置，正常情况下指示器由康铜丝（它与熔体并联）拉紧。因故障熔体熔断后，康铜丝也随即熔断，红色指示器弹出，以作指示。

有填料封闭式熔断器具有下列优点：

（1）分断能力高。一般可达 25～50kA，而且使用安全，在规定分断能力范围内分断电流时，不产生声光效应。

（2）保护特性好。既有良好的过载反时限特性，又具有良好的短路保护特性，即在短路时，熔断时间很短，且有限流作用。

（3）有醒目的熔断指示器。便于识别电路，有利于迅速恢复供电。有填料封闭式熔断器的缺点是：一旦熔体熔断，用户无法更换熔体，熔管就全部报废，显然是不经济的。因此主要用在短路电流大、要求限流能力较高的场合。

4. 自复式熔断器

随着低压配电系统容量的不断增加，系统短路电流也相应增加，目前低压配电系统的短路电流值已高达 200kA，在这种情况下，一般的熔断器与自动开关由于分断能力的限制已不能满足要求。为了保护这类配电系统，已研制出限流能力极强的自复式熔断器。自复式熔断器的熔体采用金属钠，在常温状态下金属钠具有较高的导电系数。而在高温下，金属钠气化为等离子气体时呈现出高阻状态，迅速限制短路电流的增长。钠在常温时的硬度很低，很容易变形，利用这种性质可以重新接通电路，不需要更换熔体，多次重复使用，且恢复供电快。

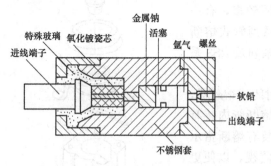

图 1-17　充气式自复熔断器的结构原理图

如图 1-17 所示为一种充气式自复熔断器的结构原理图。

在不锈钢套中埋有氧化铍瓷芯，不锈钢套和瓷芯之间填以特殊玻璃，用来密封和固紧瓷芯，同时作为电流进线端子与钢套之间的绝缘。瓷芯的孔内灌以金属钠作为熔体，在正常工作情况下，电流从进线端子经过瓷芯中的钠，再经钢套至出线端子。当出现短路电流时，钠迅速气化成高温、高压、高电阻状态的等离子气体，将电路阻断。随即串联在线路中的自动开关动作，分断电路。电流切断后的很短时间内，钠即冷却。在高压惰性气体（氩气）的推动下，活塞将钠又压到瓷芯中，重新恢复导通状态，供再次使用。自复式熔断器的分断能力很高，可达 200kA，限流作用极强，动作时间短，阻断时间为 1～2ms，自复时间约为几毫秒。

自复式熔断器与一般熔断器不同，它不能最终分断线路，只能阻断电路。在配电线路中，自复式熔断器与小容量自动开关组合使用，大大提高了自动开关的分断能力。图 1-18 为自复式熔断器 FU 与自动开关 QA 的组合电路。当出现短路电流时，自复式熔断器 FU 阻断电流。电流被转移到并联电阻

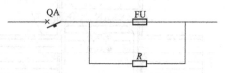

图 1-18　自复式熔断器与自动开关
组合使用的线路

R 上，接着自动开关 QA 动作，开断电路。并联电阻 R 的作用，一方面是减少由于自复式熔断器阻断电流的瞬时所引起的过电压，另一方面为自动开关的电磁脱扣器提供一定的动作电流以保证可靠动作。

5. 快速熔断器

如图 1-19 所示为 RS 型快速动作的有填料式熔断器。它采用纯银（或纯铝）变截面熔

片，并做成数个带有 V 形缺口的狭窄截面。由于银熔体材料的导电率高，熔片的截面可做得很小，熔断时间短，有强烈的限流作用。在同一最小熔断电流下，银质熔体的气化体积最小，有利于熄灭电弧。银的导电性与导热性均优于铜，有助于降低熔断器的温升。同时银还具有较高的抗氧化稳定性。熔断器在额定电流及 $110\% U_{ed}$ 下

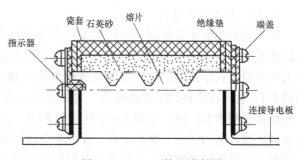

图 1-19 RS 型快速熔断器

能长期正常工作，而在分断任何电流的情况下，其过电压峰值不超过试验回路额定电压的 2 倍。

综上所述，开启式熔断器和半开启式熔断器结构最简单，但分断能力小，声光效应大，仅适用于小容量电路中（如照明等）。无填料封闭式熔断器（如 RM10 系列）最大的优点是熔体可更换，但分断能力仍不够高且动作时间较长，对一般过载情况需 5s 左右才熔断，对具有高分断能力的有填料封闭式熔断器（如 RT0 系列）动作时间也长达 2s，都不能满足保护硅元件的快速动作要求，为此必须采用快速熔断器。RS 型快速熔断器主要来保护硅整流管和晶闸管，由于硅元件过载能力很低，一般对保护硅整流管的快速熔断器，要求它在 6 倍额定电流时，6～20ms 开断电路。对保护晶闸管的快速熔断器，要求在 4～6 倍额定电流时，20ms 以内开断。

快速熔断器接入整流电路的方式有三种：接入交流侧如图 1-20（a）所示；接入整流桥臂如图 1-20（b）所示和接入直流侧如图 1-20（c）所示。当快速熔断器接入交流侧时，对输出端或整流元件，都能起短路保护作用，但不能立即判断出故障发生的地点。当接入整流桥臂或同一臂的任一并联支路时，任一臂内的整流元件短路，仅使该臂内的熔断器动作，不涉及其他臂，能及时发现故障所在处，但需要的熔断器数量多。如果将快速熔断器接入直流侧，则只能保护直流端的短路故障，而且在熔断器熔断过程中还可以产生大的过电压危及硅元件，这种接入方式的唯一优点是可以节省熔断器，比较适用于小容量硅整流装置的保护。

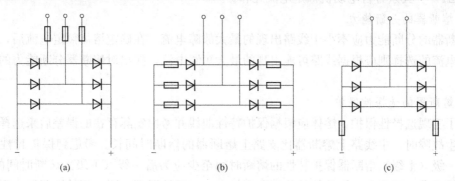

(a)　(b)　(c)

图 1-20 快速熔断器接入整流电路的方式
(a) 接入交流侧；(b) 接入整流桥臂；(c) 接入直流侧

（五）熔断器的选用
合理选用熔断器对保护系统和设备的安全具有重要意义。具体的选用方法如下：

1. 熔断器类型的选择

熔断器的类型主要根据不同的用途和电路可能出现短路电流的大小来选择。例如对于容量较小的照明线路或电动机的保护，可采用 RC1A 系列半封闭式熔断器或 RM10 及 RM7 系列无填料封闭式熔断器。对于短路电流较大的电路或有易燃气体的地方，则应采用 RL1 系列或 RT0 系列有填料封闭式熔断器。对短路电流很大的电路，应采用自复式熔断器。用于硅元件及晶闸管保护时，采用 RS 型快速熔断器。此外还有其他特殊条件下使用的熔断器，如中频电路、电力机车、家用电器，在主配电线路中用于保护其他开关电器（如熔断器、接触器等）的后备熔断器等，均要求有其相应的特点和性能。

2. 熔断器额定电压

熔断器额定电压应与电路额定电压相适应，即等于或大于线路的额定电压。

3. 熔断器熔体的额定电流

熔断器熔体的额定电流不小于负载回路的工作电流。

4. 保护电动机回路用的熔断器

为了避免熔体在电动机起动过程中熔断，选用时应躲过起动电流。对于不经常起动或起动时间不长的情况，熔体的额定电流可按式（1-5）选取：

$$I_e = I_q/(2.5 \sim 3) \tag{1-5}$$

式中　I_e——熔体的额定电流；

　　　I_q——电动机的起动电流。

对于经常起动或起动时间长（如吊车电动机等）的情况，熔体的额定电流可按式（1-6）选取：

$$I_e = I_q/(1.6 \sim 2) \tag{1-6}$$

对于多台电动机并联的电路，若共用一个总的熔断器进行保护时，考虑到电动机一般不会同时起动，熔体的额定电流可按式（1-7）计算：

$$I_e = I_{qm}/(2.5 \sim 3) + \sum I \tag{1-7}$$

式中　I_{qm}——容量最大的一台电动机的起动电流；

　　　$\sum I$——其余各台电动机额定电流之和。

5. 熔断器的分断能力

熔断器的分断能力应不小于线路出现的最大故障电流。在确定熔体额定电流后，对熔断器额定电流的选择则应根据线路可能出现的最大短路电流，找出对熔断器分断能力的要求来决定。

6. 熔断器的选择性保护

为了实现选择性保护，熔体应根据保护特性曲线并考虑实际存在的误差后来选择，使在支路发生故障时，主线路上熔断器比支路上熔断器的熔断时间长。考虑到保护特性的分散性，前一级（上级）熔断器保护特性的熔断时间至少应为后一级（下级）熔断时间的 3 倍。如不满足要求，可将上一级熔体的额定电流加大。一般情况下，同一型号熔断器上下级之间只要熔体电流相差两级就能满足选择性要求。

7. 快速熔断器的选择

保护硅整流管的快速熔断器，考虑到电流有效值与平均值的换算关系，其额定电流应按式（1-8）选择：

$$I_{FUe} \approx \pi I_{De}/2 \tag{1-8}$$

式中 I_{FUe}——快速熔断器的额定电流（有效值）；

I_{De}——硅整流管的额定电流（平均值）。

选用举例见表1-4。

表1-4 快速熔断器的选用举例

晶闸管或硅整流管	额定电流（A）		
	50	100	200
快速熔断器的熔体	80	150	320

第二节 控制电路中的常用电器元件

继电器是一种自动电器，主要用于远距离接通与开断小容量交、直流控制电路，在电力拖动和保护、自动控制系统中，起着控制、保护、信号传递与转换的作用，也能对信号进行分配和检测，使整个系统按照人们预定的要求自动运行。继电器的输入量通常是电压、电流或功率等电量，也可能是温度、压力、速度等非电量。当输入量变化到一定值时，继电器动作，依靠其触头的通、断使控制电路的输出量发生阶跃性突变。继电器的用途广泛，品种繁多，按照动作原理可分为：

（1）电压继电器。反映电路电压变化而动作的继电器。例如用于电动机失压或欠压保护的交、直流电压继电器；用于对线绕式电动机进行制动和反转控制的交流电压继电器；用于控制直流电动机反转及反接制动的直流电压继电器。在控制电路中有时为了增加触头的数量，或要求增大触头的控制容量、扩大控制范围，就需要使用一种中间继电器。中间继电器的实质上就是电压继电器，因它只用于中间控制，所以动作值无需整定。

（2）电流继电器。反映电路电流变化而动作的继电器。它用于电动机、发电机或其他负载的过载及短路保护，直流电动机磁场控制或失磁保护等。

（3）时间继电器。从接收信号到执行元件动作具有一定的时间延迟。如在电动机按时间原则起动控制中，用以延时切换起动电阻，以及用于电动机的能耗制动和各种控制过程的程序控制系统中。

（4）热继电器。用于电动机的过载保护。

（5）温度继电器。用于各种设备的过热保护或温度控制。

（6）速度继电器。反映转速和转向变化，用于电动机的反接制动等。

（7）压力继电器。反映压力的变化，用于各种电气液压控制系统中。

一、电磁式继电器

（一）电磁式继电器的工作原理及特性

1. 电磁式继电器的工作原理

电磁式继电器和接触器一样，都具有电磁铁和触头等，其工作原理、结构与接触器大体相似。但它们之间也有一定的区别。首先接触器的任务在于完成大功率主电路的接通与开断，而继电器控制的是小功率电路，电流弱，所以对继电器触头通过电流与转换能力的要求不高。继电器一般不采用灭弧系统，触头的结构及整体结构都比较简单，且体积小、动作灵敏。其次在技术参数中，接触器的额定电压、额定电流、开断能力等均为恒定值，使用前只需根据使用类别合理选用电流的等级即可。而继电器除了这些额定的参数外，尚有待整定的参数，需在使用前根据控制系统的要求进行整定，例如电压继电器的吸合电压、释放电压，时间继电器的延时大小等。

电磁式继电器是通过电磁铁线圈来反映电信号的。电信号既可以是电压信号，也可以是电流信号。当反映电压信号时，线圈应和电源并联；反映电流信号时，线圈应和负载串联。

电磁式继电器有交、直流之分。交流继电器的铁芯用硅钢片叠成，磁极端面装有短路环。直流继电器的铁芯用整块电工钢制成，不需装短路环。

如图 1-21 所示为直流电压继电器（JT3 型）结构示意图。

电磁铁由 U 形铁芯、衔铁和线圈组成。衔铁和铁芯均由工程纯铁制成，为拍合式结构。衔铁沿棱角转动，机械寿命较高。触头系统装在塑料框架内，为双断点桥式。当线圈两端的电源电压大于吸合电压时，衔铁吸向铁芯的电磁吸力大于反作用弹簧产生的反力，衔铁闭合并带动触头绝缘支架动作，使断触头打开、动合触头闭合。当电源电压小于释放电压时，电磁吸力小于反力，衔铁释放，于是触头恢复到原来的状态。图中反作用弹簧上的螺母用来调整反力的大小。衔铁支架上的螺钉则用来调整电磁系统的开距，即线圈断电时衔铁与铁芯的最大夹角。

JT3 在直流控制系统中可作为电压继电器和中间继电器。它的线圈电压额定值分别为 12、48、110、220、440V 等。吸合电压可在 30%～50%U_e 范围内调节。释放电压可在 7%～20%U_e 之间调节。JT3 系列继电器分为两种，一种为单线圈，另一种为双线圈。双线圈的型号为 JT3-5，其中一种具有吸引线圈和保持线圈，另一种具有吸引线圈和释放线圈。

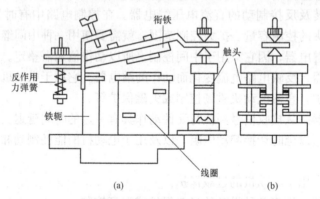

图 1-21　JT3 型直流电压继电器结构示意图
(a) 外形；(b) 触点

电磁式继电器根据线圈所加电信号的不同，可以做成过电压继电器、欠电压继电器、过电流继电器和中间继电器。欠电压继电器是当电源电压低于某值时，继电器动作，发出信号。过电流继电器是当线路电流超过某值时动作，发出切断电路的信号。中间继电器触头对数多，主要是起扩大控制范围或传递信号的作用。

2. 几种常用的继电器

(1) 通用继电器。包括 JT3 型直流电磁式继电器、JT4 系列交流继电器和 JTX 系列小型通用继电器等。JT3 型直流电磁式继电器如前所述。

JT4 系列交流继电器。适用于交流控制系统中作为电压继电器和中间继电器。它的铁芯由硅钢片叠成，磁极表面装有短路环，如图 1-22 所示。它的线圈额定电压分为 110、127、220、380V 等几种。对于失压继电器，吸合电压可在 $60\% \sim 85\% U_{\text{ed}}$ 范围内调节，释放电压可在 $10\% \sim 35\% U_{\text{ed}}$ 范围内调节。对于过电压继电器 JT4-11A，吸合电压可在 $105\% \sim 120\% U_{\text{ed}}$ 范围内调节。

（2）JTX 系列小型通用继电器。包括交流电压继电器及直流电压继电器等几种，其结构如图 1-23 所示。电磁铁由铁芯、铁轭、衔铁、线圈组成，是 U 形拍合式结构。在交流继电器的铁芯端面上装有短路环，以减少衔铁闭合时的抖动。为了减少剩磁，以利衔铁释放，对于直流继电器，在衔铁上焊有非磁性垫片（铜），使闭合时衔铁和铁芯间保持一定的非磁性间隙；对于交流继电器，则用空气隙或绝缘垫片在磁路中形成闭合时的非磁性间隙，此间隙通常称为剩磁气隙。触头为单断点，而且动合触头和动断触头共用动触头 2，触头材料为纯银或银合金，触头数量为 1～3 对。额定电流为 1～7.5A，额定直流电压在 220V 以下，交流电压在 380V 以下。继电器线圈的额定电压为 6～220V。

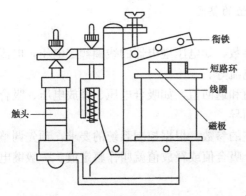

图 1-22　JT4 型交流继电器结构示意图

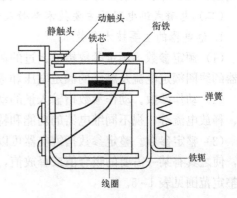

图 1-23　JTX 系列交流继电器结构示意图

由于 JTX 系列继电器体积小，控制功率小，透明的塑料外壳封装，防尘性好，在控制系统中应用十分广泛。

（3）JL12 系列过电流延时继电器。该继电器适用于交流线绕型异步电动机及直流电动机的过载保护。如图 1-24 所示为 JL12 系列继电器的结构示意图。它由螺管型电磁铁、阻尼装置及触点三部分组成，触头采用微动开关。线圈与电路串联。当电流过载并达到动作值时，动铁芯在电磁吸力的作用下，克服硅油的阻尼而缓慢上升，推动顶杆，使微动开关中的动断触头断开，起到保护电动机的作用。由于硅油的黏度与环境温度有关，因此在使用中，要根据环境温度的高低调节螺钉，以调整动铁芯的位置。

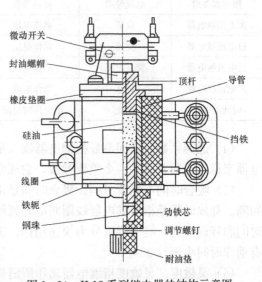

图 1-24　JL12 系列继电器的结构示意图

对于直流过电流继电器，吸合电流可在 $70\%\sim300\%I_e$ 范围内调节；交流过流继电器的吸合电流可在 $110\%\sim400\%I_e$ 范围内调节。

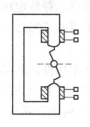 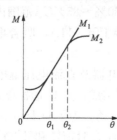

图 1-25 具有高返回系数的继电器

（4）高返回系数继电器。该继电器通常用于电力系统继电保护线路中。为了提高返回系数，可选择如图 1-25 所示的衔铁和磁极结构，这样反力弹簧的力矩特性与电磁系统的吸力矩特性在衔铁转动范围内十分接近，甚至二者基本重合。因此继电器的返回系数可高达 0.9 以上。

此外，还可以减小工作行程，使吸力特性与反力特性差值减小，增加导磁体截面积，降低其磁饱和的程度等，以提高继电器的返回系数。

高返回系数继电器 JT9 和 JT10 多用于保护与控制直流电动机励磁回路与交流电动机反接制动，JT9 的返回系数为 $0.65\sim0.7$，JT10 的返回系数为 $0.6\sim0.65$。

（二）电磁式继电器的主要技术参数及动作值的整定

1. 继电器的主要技术参数

（1）额定参数。额定参数指输入过的额定参数，如电压继电器的线圈额定电压，电流继电器的线圈额定电流及触头的额定电压和额定电流等。

（2）动作参数。动作参数指输入量的动作值和返回值，如吸合电压、释放电压、吸合电流、释放电流等，视不同继电器的功能和特性而异。

（3）整定参数。整定参数指继电器可以调整的参数。根据控制系统的要求，预先调整电器，使之具有某一需要的吸合值或释放值，这个吸合值或释放值就叫作整定值。一般继电器的整定范围见表 1-5。

表 1-5　　　　　　　　　　　　　　　　一般继电器的整定范围

继电器类型	电流种类	可调参数	可调参数范围
欠电压继电器	直流	动作电压	吸合电压 $30\%\sim50\%U_e$、释放电压 $7\%\sim20\%U_e$
过电压继电器	交流	动作电压	$105\%\sim120\%U_e$
过电流继电器	交、直流	动作电流	$110\%\sim350\%I_e$、$70\%\sim800\%I_e$
欠电流继电器	直流	动作电流	吸合电流 $30\%\sim50\%I_e$、释放电流 $7\%\sim20\%I_e$
时间继电器	直流	断电延时时间	$0.3\sim0.9s$、$0.8\sim5s$、$2.5\sim5s$、$4.5\sim10s$、$9\sim15s$

（4）返回系数。返回参数指继电器输入量的释放值与吸合值之比值，小于 1。对某些继电器来说，返回系数是一个重要参数，它通常由控制、保护系统提出。

（5）吸合时间与释放时间。吸合时间是指继电器从通电起到触头动作完成所经过的时间间隔。释放时间是指从继电器线圈断电起到触头恢复到释放状态所经过的时间间隔。按吸合时间和释放时间，继电器可分为快速动作、正常动作和延时动作三种。快速动作继电器的固有动作时间小于 0.05s。

（6）灵敏度。灵敏度指继电器动作所需最小功率。功率越小，继电器的灵敏度越高。在各类继电器中，电磁式继电器灵敏度较低，动作功率为 $10\sim2W$，半导体继电器灵敏度较高，动作功率为 $10\sim4W$。

（7）额定工作制。分为长期工作制（工作时间超过 8h）、间断长期工作制、反复短时工作制及短时工作制四种。后者有操作频率和通电持续率的要求。

（8）触头的接通和分断能力。触头的接通和分断能力与被控对象的容量及使用条件有关，是正确选用继电器的主要依据。由于继电器触头均用于控制小功率电路，与接触器相比，对其接通和开断能力要求不高，具体数据可由各种产品的技术条件中查得。

（9）机械寿命和电气寿命及操作频率。由于电力拖动系统工作频繁，故对继电器的寿命及操作频率要求较高，有些继电器的机械寿命可高达一千万次。

2. 电磁式继电器动作参数的整定方法

继电器在投入运行之前，均应预先将它们的吸合值和释放值或返回系数整定到系统所要求的值。电磁式继电器的结构示意图如图 1-26 所示。反作用弹簧对衔铁产生一个逆时针方向旋转的力矩。欲使衔铁吸合，线圈产生的吸力矩必须大于这个反作用力矩。吸合后欲使衔铁释放，线圈产生的吸力矩应小于反作用力矩。由此可见，线圈吸合电压（或吸合电流）、释放电压（或电流）的大小，均受到反作用弹簧松紧程度的影响，显然反力弹簧拧得越紧，衔铁吸合越困难，而释放却越容易，即吸合电压（或电流）越大，

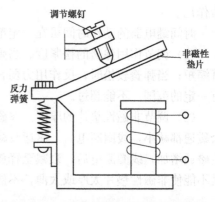

图 1-26 电磁式继电器的简化结构图

释放电压（或电流）越大。调整反力弹簧是继电器动作参数的整定方法之一。

继电器动作参数的整定方法之二是：在与铁芯端面接合处的衔铁内表面安装一层非磁性垫片。非磁性垫片的厚度不同，直接影响着衔铁在闭合位置时的气隙磁阻及电磁吸力的大小，从而改变了释放电压（或电流）。例如非磁性垫片越厚，衔铁在闭合位置时的气隙磁阻越大，气隙磁通及电磁吸力就越小，使线圈断电时衔铁释放更容易，也就是说释放电压（或电流）值越大。

继电器动作参数的整定方法之三是：调节衔铁上部的调节螺钉，改变电磁系统的开距，即改变线圈断电时衔铁与铁芯端面的最大夹角。当开距越大，打开位置时气隙磁阻越大，电磁吸力越小，通电时衔铁吸合越困难，因而提高了吸合电压（或电流）值。

上述三种方法中，调节反力弹簧可同时整定吸合值与释放值，而改变非磁性垫片的厚度只能整定释放值，调节螺钉只能整定吸合值。操作者可根据实际需要进行选择整定。顺便指出，通过整定吸合值及释放值，也同时改变了继电器的返回系数，改变了继电器的继电特性。必须指出，电磁式继电器的整定值只能在小范围内改变，因为如果弹簧太紧，就有可能在通电时衔铁不能吸合，如果太松，则有可能在断电时衔铁不能打开，或者动作不可靠。

二、时间继电器

时间继电器是自动控制系统中常用的元件，主要包括电磁式时间继电器、空气阻尼式时间继电器、交流电动式时间继电器以及晶体管时间继电器。

（一）直流电磁式时间继电器

电磁式时间继电器，是利用装在铁芯上的阻尼铜套对变化的磁通起阻尼作用，达到延缓动作时间。电磁式时间继电器的结构和 JT3 电磁式直流通用继电器相类似、只不过在铁芯

柱上多套上了一个阻尼铜套而已。

如图 1-27（a）所示表示加阻尼铜套及其安装情况。铜套有一定的厚度，其电阻要尽可能小些。如要使动作时间更长些，可在铁芯的另一个柱上套以另一铜套。这样可使动作时间增长近一倍。从原理上讲，阻尼铜套的阻尼作用在衔铁被吸合与释放时都存在。但是由于吸合时衔铁处于打开位置，气隙大，磁路磁阻大，线圈电感小，铜套的阻尼作用并不显著；而释放时，衔铁已处于闭合状态，磁路的磁阻小，线圈的电感大，在同样的感应电势情况下，阻尼作用就比较显著。所以 JT3 加装铜套后只能作为释放延时继电器作用。

时间继电器的动作时间可在一定范围内调节。电磁式时间继电器的调节有两种方法：

（1）调节作用弹簧的松紧度。当弹簧较紧时，反作用力强，容易被释放，所以动作时间就缩短；当弹簧较松时，反作用力弱，动作时间就延长如图 1-27（b）。当然，弹簧的调节有一定的范围，不能超过。

（2）调节非磁性垫片的厚度。非磁性垫片加厚则闭合后的磁阻加大，铁芯稳定磁通和剩余磁通都减小，线圈断电后，磁通衰减也较快，动作时间就加快。反之，非导磁片变薄则稳定磁通增加，线圈断电后，衰减至释放的时间变长，动作时间相应变长如图 1-27（c）。但是不能使非磁性垫片太厚或太薄，不然继电器将不能正常工作。

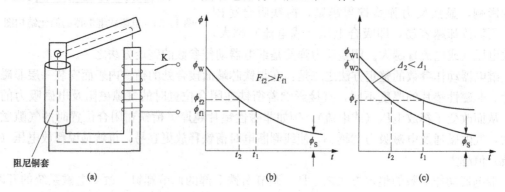

图 1-27　电磁式时间继电器

（a）结构示意图；（b）改变反力弹簧对延时的影响；（c）改变非磁性垫片对延时的影响

电磁式时间继电器的型号以 JS 命名，后附设计序号、动断触头数和动合触头数、延时时间范围。如 JS3-口口/口。电磁式时间继电器除了用阻尼铜套延时外，还可以在线圈断电后，立即将其自身短路，也能起动延时的作用。

（二）交流气囊式时间继电器

交流气囊式时间继电器主要由交流电磁铁、触头（微动开关）和气囊式延时机构组成，具有通电延时型和断电型延时两种。如图 1-28 所示为通电延时型交流气囊式时间继电器的结构示意图。当线圈通电，衔铁被吸下时，顶杆与衔铁之间出现了一个空隙，顶杆与气囊中心的活塞相连，活塞下面固定有橡皮膜，活塞在弹簧的作用下向下移动，此时，在橡皮膜上半部造成空气稀薄的空间，活塞受到下半部空气的阻力，不能迅速下降。橡皮膜上半部有进气孔，空气由此孔进入橡皮膜上半部的空间，使活塞逐渐下降，降到一定位置时，杠杆使触头动作。从线圈通电开始，衔铁吸合，在气囊中经历了进气、活塞下降等慢过程之后触头才动作，因此这种结构的继电器为通电延时型。线圈断电时，弹簧使衔铁和活塞等复位，空气经过橡皮膜与顶杆之间的空气隙迅速排出，使衔铁及触头等瞬时复位。调节螺钉的位置可改变进气孔的大小，借此调节延时的长短。将衔铁与铁芯的位置对调，使静铁芯安装在气囊与衔铁之间，便可得到断电延时型气囊式时间继电器。在这种断电延时型结构中，线圈通电，活塞向上运动，排气快，触头瞬时闭合，断电时，活塞向下运动受阻，进气慢，触头延时断开。

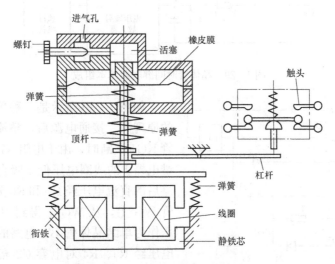

图 1-28　通电延时型时间继电器结构示意图

JS7-A型气囊式时间继电器的延时范围分 0.4～60s、0.4～180s 两种，操作频率为 600 次/h（通电持续率为 40% 时）。气囊式时间继电器又称为空气阻尼式时间继电器，其优点是延时范围大，延时不受电压及频率波动的影响，结构简单，价格低廉。缺点是延时值易受环境温度、尘埃及安装情况的影响，误差较大，没有调节延时的明确指示，难以准确地整定延时值，故这种继电器常用于对延时精度要求不高的交流控制电路中。

（三）交流电动式时间继电器

电动式时间继电器是由微型同步电动机通过一套减速机构，带动凸轮推动触头获得延时的。改变凸轮的起始位置，即改变了凸轮与触头脱扣机构的行程，便于调节延时的长短。由于同步电动机的转速是恒定的，不受电源电压波动的影响，减速机构的传动精度又可以做得很高，所以这种时间继电器的延时精度高。此外，延时范围大，可以从几秒到几分钟甚至几小时。常用的电动式时间继电器为 JS10 系列，适用于通电时间长、延时精度高的交流控制系统中。

（四）晶体管时间继电器

晶体管时间继电器又称半导体时间继电器，它具有无机械运动部分、延时范围大、体积小、延时精度高、耐振动、调节方便和寿命长等特点，因此发展很快。晶体管时间继电器通常借电容的充放电获得延时的。它由电容C、电阻R充放电回路、电压鉴别放大器以及输出机构三部分组成，如图 1-29 所示。

根据电压鉴别放大器作用的器件和线路的不同，可将晶体管时间继电器电路分为以下几类：

（1）稳压管延时电路。

（2）单结晶体管延时电路。

（3）电压负反馈放大器延时电路。

（4）场效应管延时电路。

（5）数字式延时电路。

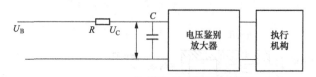

图1-29　晶体管时间继电器基本组成

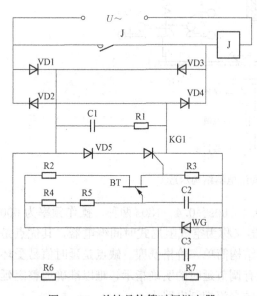

图1-30　单结晶体管时间继电器

如图1-30所示是一种单结晶体管继电器的原理图。接通电源后，整流桥工作，当晶闸管KG1关断时，由于电阻R7、R6上的压降使继电器J的线圈电压低于吸合值而不动作；整流后的直流电压经R7和R6分压后，加到稳压管WG上，从WG上得到18～20V的稳定电压作为单结晶体管BT电路的电源电压。这个电压经R5、R4对电容C2充电，当充电达到单结晶体管的峰值电压时，单结晶体管立即导通，C2就向R3放电，在R3上产生触发脉冲，使晶闸管元件KG1导通。这时的整流直流电压不经R7、R6，而直接由VD1、VD5和KG1、VD4加到继电器线圈J上，达到吸合值而动作。继电器动作后，动断触头将整流桥短接，保证线圈可靠吸合。这个线路延时可达36s，电容利用率高达1.8s/μF。当加大电容，延时可达几分钟。

单结晶体管延时电路电容利用率高的原因，是由于单结晶体管的峰点电流（约4μA）很小的缘故。充电电阻R4可达到几兆欧，从而可减小充电电容。

该电路中的电阻R1和电容C1用来限制电压的上升率，防止KG误导通。二极管VD5用来减小可控硅承受的反向电压。

由于中间继电器线圈的吸合时间可能比可控硅导通时间长，当可控硅导通后，继电器还来不及吸合就会由于可控硅的导通将R7和R6短接，控制回路失去电压，单结晶体管停止工作，可控硅在电压过零时又停止工作，结果继电器还没来得及吸合，又失去电压，导致继电器不能吸合，造成控制失效的后果。为防止这种情况的发生，在R7上并联了电容C3，当可控硅未关断时，C3被充电至18～20V；可控硅导通后，C3经R6、VD5和KG1放电，保证可控硅阳极电压不会立即变为零，延长它的导通时间。

三、热继电器

热继电器是利用电流的热效应原理起保护作用的。广泛用于三相交流异步电动机及其他电气设备的过载保护。电动机在运行中如果长时间过载得不到保护，因其发热将超过允许温升，这样轻则损坏绝缘，缩短寿命，重则使其烧毁。电动机发生过载的原因主要有：

（1）电动机长期欠电压运行。

（2）三相电动机单相运行。

（3）电动机在反复短时工作制对操作频率过高，或者经常反接制动。

（4）电动机长期过负荷运行。

（5）周围介质温度过高。

电动机的过载保护由热继电器实施。热继电器的结构主要是两个膨胀系数不同的双金属片。众所周知，两种膨胀系数不同的金属焊在一起后，受热就会向膨胀系数小的那一边弯曲，热量越大，弯曲越多。两种金属膨胀系数相差越大，受热后也弯得越大。通常用作双金属片的两种金属为低膨胀系数的不锈钢和膨胀系数大的铁、镍、康铜等。

（一）热继电器的基本工作原理

热继电器的工作原理如图 1-31 所示。当负载电流通过发热丝时，它产生热量使双金属片向上弯曲（弯曲程度随发热量即负载电流的增大而增大）。当负载电流达到某一值时，双金属片弯曲到它的右端脱离传动结构，在弹簧的作用下的传动机构绕 O 点反时针方向转动，它的下端带动绝缘连杆，使触头开断，发出信号，使被保护对象的电源被切断。故障排除后，经冷却，双金属片恢复原状，按下复位电钮，继电器就会回到原位。双金属片的弯曲需一定的时间，故热继

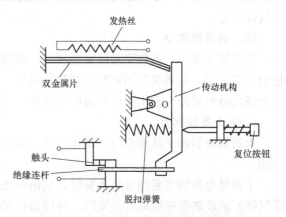

图 1-31　热继电器工作原理示意图

电器的动作也有一定的时限，负载电流小，弯曲慢，动作时间长；电流大，则弯曲快，动作时间短。热继电器的双金属元件在环境温度下已有一定的弯曲，这就给它的动作造成一定的误差。为了补偿这个误差，可装置补偿元件。补偿元件也是一种双金属片，利用它在环境温度下的弯曲来补偿热继电器的动作误差。

（二）几种常用的热继电器

1.JR0 系列热继电器

这种热继电器适用于交流 50Hz 的电动机过载保护。它的动作电流可以在一定范围内整定，同一只热继电器在不更换发热元件的情况下，可以整定在不同电流值下动作。JR0 具有温度补偿装置和断相保护，它按额定电流 I_{ed} 分为 20、60A 和 150A 三级。动作电流可在 $64\%\sim100\%I_{ed}$ 范围内整定。

2.JR5 系列热继电器

这种热继电器可用于交直流低压电机过载保护，它分为保护重载起动电动机和轻载起动机两种。每种电流规格有两个整定电流值，分别用于重载起动和轻载起动保护，可从 7～200A 之间分为 43 级。

3.JR16 系列热继电器

这种热继电器为断相保护热继电器，应用于三角形接法电动机保护。在电动机做三角形连接时，如果运行中一相断线，由于流过热继电器的是线电流，按线电流整定，断相后线电流的上升可能达不到热继电器的整定值，但电机绕组则过热甚多，故热继电器起不了保护作

用，这时就要用到带断相保护的热继电器。

它的保护原理主要在于利用断相热元件电流为零，因而冷却恢复原状，另两相则没有断相，受过电流发热而弯曲更甚，两者形成一个转矩，使触头发生动作、切断主回路接触器线圈而使主电源断开。

（三）热继电器的选用

对于长期运行的电动机，当热继电器与该电机的环境温度相同时，可按电动机的额定电流选择热元件。当电动机的环境温度比热继电器高 15～20℃时、可按电动机的额定电流提高一个等级选择热元件，反之，当电动机的环境温度比热继电器低 15～20℃时，可按电动机的额定电流提高一个等级选择热元件。选好热继电器后，还应根据系统保护要求，将电流作具体整定。

四、信号继电器

在控制系统中，经常要对温度、压力、转速等非电量进行检测，当它们到达一定值时，输出开关信号，使系统按预定的控制程序运行。用于这些非电量检测与控制的信号继电器除了上述热继电器外，常用的还有温度继电器、速度继电器、压力继电器、干簧继电器等。

（一）干簧继电器

干簧继电器由于结构小巧、动作迅速、工作稳定、灵敏度高等优点，近年来得到广泛的应用。

干簧继电器的主要部分是干簧管，它由一组或几组导磁簧片封装在惰性气体（如氩、氮等气体）的玻璃管中组成开关元件。导磁簧片又兼作接触簧片，即控制触头，也就是说，一组簧片起开关电路和磁路双重作用。如图 1-32 所示，为干簧继电器的结构原理图，其中图 1-32（a）表示利用线圈内磁场驱动继电器动作，图 1-32（b）表示利用外磁场驱动继电器动作。在磁场作用下，干簧管中的两根簧片分别被磁化而相互吸引，接通电路。磁场消失后，簧片靠本身的弹性分开。干簧继电器有许多特点：

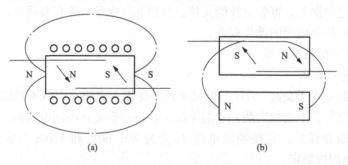

图 1-32 干簧继电器原理结构

（1）接触点与空气隔绝，可有效地防止老化和污染，也不会因触头产生火花而引起附近易燃物的燃烧。

（2）触头采用金、钯的合金镀层，接触电阻稳定，寿命长，约 106～107 次。

（3）动作速度快，约为 1～3ms，比一般继电器快 5～10 倍。

（4）与永久磁铁配合使用方便、灵活。可与晶体管配套使用。

（5）承受电压低，通常不超过 250V。

（二）转速继电器

速度继电器是用来反映转速和转向变化的继电器。如图 1-33 所示为国产 JYI 型速度继电器的结构原理图。图 1-33 中，速度继电器的轴上装有永久磁铁构成的转子，鼠笼圆环与轴同心，并与转子间有一很小的气隙，鼠笼圆环连同固定在圆环上的顶块通过支架固定在另一轴上，当圆环顺时针或者逆时针偏转时，顶块随之向左或向右摆动并通过触头输出信号。

使用时，速度继电器的轴与电动机的轴连接，用以接收转速信号。当电动机带动继电器的转子旋转时，转子磁通切割鼠笼圆环，鼠笼绕组内将产生感应电势和电流，与感应电动机的原理一样，圆环及顶块将随轴旋转的方向偏转，从而使动断触头断开，动合触头闭合，这样从速度继电器触头状态的变化便可反映电动机转速及转向的变化。从图 1-33 中还可以看出，在继电器工作时，动合触头尚起到停档的作用，使顶块的偏转角度限制在小范围之内。

速度继电器的动作速度一般不低于 300rad/min，复位转速在 100rad/min 以下，工作时的允许最高转速可达 1000~3600rad/min。

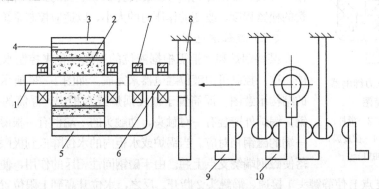

图 1-33　国产 JYI 型速度继电器结构示意图

1—轴；2—永久磁铁；3—笼形转子；4—短路绕组；5—支架；

6—轴；7—轴承；8—顶块；9—动合触头；10—动断触头

（三）温度继电器

温度继电器是反映周围介质温度的一种信号继电器。当用于电动机的过载保护时，将其检测元件埋置在电动机的定子槽内或绕组端部，直接反映该处的受热情况，并在温度达到规定值时动作，为电动机提供保护。

根据检测元件的不同，温度继电器有双金属片式和热敏电阻式两种。下面主要介绍半导体热敏电阻式温度继电器。

如图 1-34 所示为国产 JW4 型热敏电阻的外形结构图。它是具有两根引线的 N 型半导体，外部用环氧树脂密封。其电阻基本上是一恒值，而且比较小，在 60~85Ω 之间。当温度升高时，电阻随之增大，但开始增加较慢，在 90℃ 时，约为 150Ω。当温度上升到动作温度

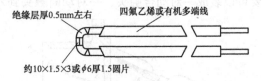

绝缘层厚0.5mm左右　　四氟乙烯或有机多端线

约10×1.5×3或φ6厚1.5圆片

图 1-34　国产 JW4 型热敏电阻元件的外形图

时，热敏电阻的阻值突然剧增数十倍到数百倍，使与之串联的电磁式继电器线圈电流减小，衔铁释放，触头分断控制电路，电动机停转。热敏电阻的动作温度有 95℃、105℃、115℃ 及 135℃ 共四档，并可在一定范围内调整。

JW4 型半导体热敏电阻式温度继电器的体积小、灵敏度高、寿命长，但自动返回的时间较长，而且价格高，主要用作大中型电动机的过载保护。

（四）压力继电器

压力继电器广泛用于各种气压和液压控制系统中，通过检测气压或液压的变化，发出信号，控制电动机的起停，从而提供保护。

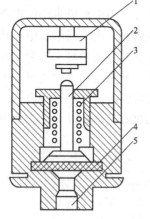

图 1-35　压力继电器
结构简图

1—微动开关；2—滑杆；
3—平衡弹簧；4—橡皮膜；
5—入油口

如图 1-35 所示为一种简单的压力继电器结构示意图，由微动开关、给定装置、压力传送装置及继电器外壳等几部分组成。给定装置包括给定螺帽、平衡弹簧 3 等。压力传送装置包括入油口管道接头 5、橡皮膜 4 及滑杆 2 等。当使用于机床润滑油泵的控制时，润滑油经管道接头入油口 5 进入油管，将压力传送给橡皮膜 4，当油管内的压力达到某给定值时，橡皮膜 4 便受力向上凸起，推动滑杆 2 向上，压合微动开关，发出控制信号，旋转弹簧 3 上面的给定螺帽，便可调节弹簧的松紧程度，改变动作压力的大小，以适应控制系统的需要。

（五）液位继电器

某些锅炉和水柜需根据液位的高低变化来控制水泵电动机的起停，这一控制可由液位继电器来完成。如图 1-36 所示为液位继电器的结构示意图。浮筒置于被控锅炉或水柜内，浮筒的一端有一根磁钢，锅炉外壁装有一对触头，动触头的一端也有一根磁钢，它与浮筒一端的磁钢相对应。当锅炉或水柜内的水位降低到极限值时，浮筒下落使磁钢端绕支点上翘。由于磁钢同性相斥的作用，使动触头的磁钢端下落，通过支点 B 使静触头 1 接通，静触头 2 断开。反之，水位升高到上限位置时，浮筒上浮使静触头 2 接通，静触头 1 断开。显然，液位继电器的安装位置决定了被控的液位。

五、其他控制电器

除上述控制电器外，控制电器还包括各种主令电器，例如控制按钮、接地开关、转换开关、凸轮控制器、主令控制器、电磁制动器等，用于接通和开断控制回路。

（一）控制按钮

控制按钮又称按钮开关，是一种结构最简单使用最广泛的主令电器，用以发出控制信号或用于电气连锁等，其结构示意图如图 1-37 所示。按下按钮 1，动触桥 3 向下运动，先使动断触头 4 开断，然后再使常开触头 5 接通，松手后，在复位弹簧 2 的作用下，动触桥 3 向上运动，恢复到原始位置。在复位过程中，动合触头 5 先断开，动断触头 4 后闭合。根据需要可以装成一对动合触头、一对动断触头到六对动合触头、六对动断触头的形式，供选用。

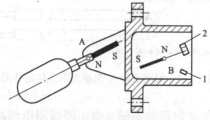

图 1-36　液位继电器结构示意图

1—静触头；2—静触头

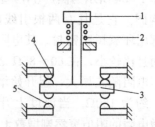

图 1-37　按钮开关结构示意图

1—按钮；2—复位弹簧；3—动触桥；
4—动断触头；5—动合触头

（二）接地开关和转换开关

1. 接地开关

接地开关又称闸刀开关如图1-38所示，是低压电器中结构最简单、应用最广泛的一种手动电器，主要在配电设备中作为隔离电源用。也可用于不频繁地接通与开断额定电流及以下的负载，如小型电动机、电阻炉等。接地开关按极数分有单极、双极和三极。按结构分有平板式和条形式。按操作方式分有手柄直接操作式、杠杆操作机构式和电动操作机构式。按合闸方向分单投和双投等。

2. 转换开关

转换开关是供两种或两种以上电源或负载转换用的电器。在控制、测量系统中经常需要电路转换，如电源的倒换、电动机的反向运转、测量回路中电压、电流的换相等。

刀形转换开关的结构与接地开关相似，只是每极有两个静插座，铰链支座在中间，触刀弯成一定的角度，只插入一组静插座中，另一组插座与触刀分开，可以转换电路。

另一种转换开关，采用叠装式触头元件，组合成旋转操作的方式，又称组合开关。它的每组动、静触头均装于一个不太高的胶木触头座

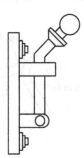

图1-38　接地开关结构图

内，触头座可以堆叠起来，最多可叠六层，这样就使整个结构向空间发展，从而缩小了安装面积。如图1-39所示为HZ10组合开关的触头系统，两个静头由黄铜板冲制而成，表面镀锡，装在胶木触头座中。动触片由磷铜片或硬紫铜片冲制而成。隔弧板由绝缘钢纸板冲成。两个动触片和两个隔弧板铆装成触头部件，套于方轴上并装入胶木触头座中。动、静触头为线接触、双断点触头，动触片上有弹性夹口，接触压力由其弹力产生。隔弧板在电弧作用下，分解出氢气等气体，使电弧周围环境压力增大，因而有利于熄弧。HZ10组合开关的操作机构装在触头组之上，由转轴、扭簧、导板、滑板、定位板和胶木手柄组成。转动手柄可使动触头从一个位置转换到另一个位置。由于扭簧的储能作用，动触头快速闭合与开断，而且与手柄操作速度无关，对提高转换开关的通断能力很有好处。

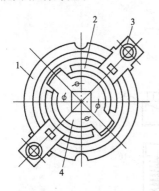

图1-39　HZ10组合开关的触头系统

1—胶木触头座；2—隔弧板；
3—静触头；4—动触头

HZ10系列组合开关适用于交流50Hz，电压380V，直流电压220V的电路中，作为接通或开断电路、转换电源电器等。

（三）凸轮控制器和主令控制器

1. 凸轮控制器

凸轮控制器是一种手动电器，其动触头在凸轮随转轴的转动中，依次与相应静触头接通或分断，以达到控制的目的。主要用于交流380V，直流440V的电路中，作为变换电力线路的接法及改变激磁线路的电阻值，控制交、直流电动机的起动、换向、调速及制动等。凸轮控制器多用于起动设备、卷扬机、绞车、挖掘机、电车等电力拖动装置中，按其用途可分为交流凸轮控制器（如KTJ1、KTJ10等）和直流凸轮控制器（如KTZ1、KTZ2等），操作方式可分为手轮式及手柄式。

凸轮控制器由安装在绝缘方轴上的凸轮元件、触头组、定位机构、手柄、绝缘支架及罩壳等组成，如图1-40所示为它的一个凸轮及一个触头组的结构示意图。图中凸轮处于其圆弧半径较小之处与滚子相接触的位置。触头在触头弹簧压力下闭合，转动手柄即可使凸轮随方轴转动。当凸轮圆弧半径较大处顶起滚子时，杠杆克服弹簧的反力而转动，触头分开，并借助灭弧装置熄灭电弧。在方轴上叠装不同形状的凸轮，可使一系列的触头根据电路的需要，事先组合好，按照规定的顺序接通和分断电路，以控制多条电路，实现对电动机的起动、换向及调速的控制。

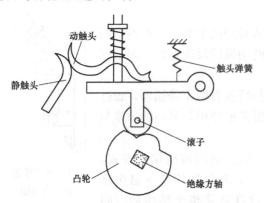

图1-40　凸轮控制器凸轮及触头系统

2. 主令控制器

主令控制器也是多位置、多回路的手动电器，用于操作频繁而且要求有多种控制状态的地方，例如控制电动机不断起动、制动、调速的场合，如起货机、锚机等。主令控制器的操作比按钮更为方便可靠，并可做好直观的标记进行操作。

主令控制器的工作原理与凸轮控制器相似，但它用于辅助电路，常与接触器、继电器配合使用。触头为桥式，容量较小，其结构如图1-41所示。在方轴上固定凸轮，同时在上方装有手柄供手动操作。在支架上装有桥式动触头，绝缘板上装有静触头，支架可以在合闸弹簧的作用下使桥式触头之与静触头闭合。转动手柄时，凸轮的凸起部分撑开滚轮使支架克服弹簧的反力绕轴转动，断开动、静触头，切断电路。当凸轮的凹下部分与滚轮对应时，在合闸弹簧的压力作用下，触头闭合。由于各凸轮的形状不一，各组触头在不同位置时便有不同的工作状况，可用触头闭合表来表示，其方式与凸轮控制器相同。

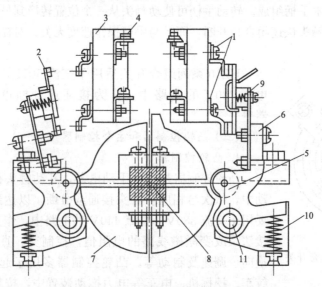

图1-41　主令控制器结构示意图

1、3、4—静触头；2、9—动触头；5—滚轮；6—支架；7—凸轮；
8—方轴；10—合闸弹簧；11—轴

国产主令控制器的型号为 LK。在国产船用主令控制器中，最简单的只控制两条线路，手柄工作位置为零位及左、右各 1 挡。最多可控制 18 条线路，手柄位置为左右各 5 挡。

主令控制器在控制电路中的表示方法如图 1-42 所示。

SA 为主令控制器的文字符号（新国际），纵向虚线表示控制手柄的不同位置，黑点表示手柄扳到该位置时对应的触头处于闭合状态，1、2 表示 SA 控制的两条线路，S1、S2 表示 SA 控制器触头。触头闭合表（见表 1-6）中的×表示触头为闭合状态，接通了该触头所在的线路。

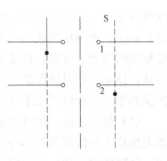

图 1-42 主令控制器图表示方法

表 1-6 触 头 闭 合 表

触头	手柄位置		
	左	0（中）	右
S1	×		
S2			×

（四）电磁制动器

电磁制动器包括抱闸式和圆盘式。圆盘式电磁制动器的结构示意图如图 1-43 所示。摩擦片安装在电动机的转轴上，摩擦片即为电磁铁的衔铁。当电动机运转时，电磁铁线圈 L 通电，它的电磁吸力大于刹车弹簧的反作用力时，衔铁（摩擦片）被吸住，使其与摩擦片脱开，且留有一定的间隙，于是电动机可自由运转如图 1-43（a）所示。停车时，电磁铁线圈断电，摩擦片被刹车弹簧紧压到摩擦片上，产生摩擦力矩，迫使电动机停转，如图 1-43（b）所示。

调整圆盘式电磁刹车外壳上的螺钉，即可调整反作用弹簧的制动力矩。但要求所有的螺钉必须调整均匀，否则摩擦片之间的间隙不均匀，将产生噪声、振动等现象。

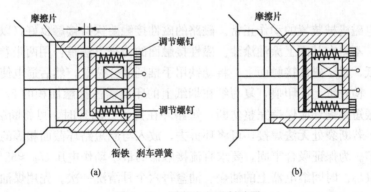

(a) (b)

图 1-43 圆盘式电磁制动器

(a) 电机自由运转；(b) 电机停转

第三节 船用低压电器的维护保养

船舶上的电器长期处在振动、高温及潮湿等环境下工作。而振动会使电器的机械结构、螺丝等松动、移位、脱落；高温和潮湿会使绝缘电阻下降而漏电，甚至发生接地、短路等现象；灰尘、油滴所形成的油垢会使机械活动不灵或失灵；触头表面氧化和受电弧烧灼，会使接触电阻增大，等等，都能使电器工作出现不正常现象，甚至导致事故。因此，除了正确使用外，还必须按时进行维护保养。日常的使用、维护保养应该按照使用保养条例进行。在维护保养中主要要注意以下几点：

(1) 保持清洁。保持清洁的必要性在于：触头表面的尘土和油垢会使触头接触不良。线圈表面积尘将使线圈散热差、线圈温升增高，温升过高时可能使绝缘变质或损坏；磁性接触面（气隙两端）和机械装置间隙中的尘土、油垢和油漆会使部件动作失灵；金属粉末可能造成漏电或短路。所以不宜经常打开控制装置的盖子。

清洁电器时，应先用干布擦拭。然后用蘸酒精或四氯化碳液体的软布擦净。触头表面不宜用手去触摸。擦拭后用 2 个大气压以下的压缩空气或洁耳球（皮老虎）吹拂干净。

(2) 保持干净。受潮和浸水会使金属部件生锈，动作失灵，触头接触不良，绝缘电阻低，甚至短路、接地。所以气密和水密装置要保持密封良好，要及时更换失效的水密填料函；干燥剂要按时更换。电器受潮，可置于 70℃ 的热空气（例如用 100W 以上的灯泡或烘箱）中烘干，一般约需烘烤 5~6h。若受海水浸泡过，应送修理所处理。

(3) 保持绝缘良好。绝缘电阻过低造成漏电、接地和短路是船上电器产生故障的重要原因之一。按规定，电器的绝缘电阻应保持 5MΩ 以上（电源电压在 100V 以上的电器用 500V 绝缘电阻表测量，在 100V 以下的用 250V 绝缘电阻表测量）。整个电动机的控制装置的绝缘电阻应超过 0.5MΩ，低于 0.2MΩ 者要停止作用。导致绝缘电阻降低的一般原因是灰尘和污垢太多、绝缘物破裂和浸水、受潮、发霉。绝缘物受损破裂，应重新包扎，再浸漆处理。如果破损不大，或时间不允许，可用黄蜡布、白布带或黑胶布等包扎破损部分，然后外涂绝缘漆或虫胶漆，临时使用，以后再作修理。如果绝缘物上有白点或白色绒毛状物，即为发霉，应将之擦干净并加以烘烤，以控制霉菌的生长，保持绝缘性能良好。

(4) 保持电磁机械装置的动作正常。磁路的磁性接触要保持接触良好，以减小磁阻，其上不应有污垢，不得在其面上涂油涂漆。磁性接触面的检查方法是：用两张卷烟纸（薄纸）、中央一片复写纸，置于磁性接触面上。将动铁用手推到吸合位置，然后通电使之吸合。断电后，取出烟纸，检查纸上的印痕，复写纸在烟纸上的印痕需占接触面积的 2/3 以上才合格。交流电器的防振短路铜环应保持完整勿断，短路环在折角处断裂时，可将断裂处周围擦净，用电烙铁焊牢。若断裂处无法焊接，可将环拆去，放入与原短路环截面相等的裸铜线，再将接头处扭紧焊牢。为保证吸合牢固，要求直流接触器的最小动作电压 $U_{吸} \approx 65\%U_{ed}$，交流接触器 $U_{吸} \approx 85\%U_{ed}$。时间继电器上的油壶、油盒每六个月清洗一次。先用煤油后用汽油刷洗干净，并重新按规定液面装入变压器油。

(5) 保持触头接触良好。触头接触良好是指：接触部分密合、触头没有歪扭；接触部位光滑平整；无尘土及油垢；接触压力达到规定值；触头接触时的滑动和摩擦动作正常。接触部分的接触情况检查方法和磁性接触面的检查方法相同，同样要求接触部分的 2/3 以上面积或线段有印痕。如果接触处凹凸不平，可用细锉锉平，或用 00 号砂纸包着平板将触头磨平。磨触头时，应保持触头原来的形状，同时切勿磨锉过多。磨完后，应用浸有汽油和四氯化碳的软布将之擦净。对于表面的氧化铜层应定期清除。表面焊银的触头，其表面的氧化膜不影响导电，不必除去，即使稍有不平，也不必修整。

测量触头压力的方法如图1-44所示。测量初压力时，用一张薄纸夹在动触头和动铁之间［图1-44（a）］，用弹簧秤拉住动触头、同时向外侧轻拉薄纸，当薄纸刚能拉动时弹簧秤所指示的拉力就是触头的初压力。如图1-44（b）所示是测量终压力的情况。纸条夹于两触头之间，方法与测初压力相同，如压力不合要求，可以调整触头弹簧的压力解决。为保证触头表面光滑，电器在使用时不得将熄弧罩拿掉。如果熄弧罩破损，应及时更新。

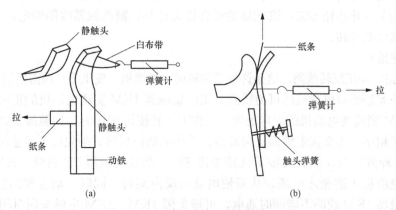

图1-44　触头压力测量方法
(a) 测量初压力；(b) 测量终压力

（6）吸引线圈的检查。线圈必须固定在铁芯上，不能松动，接线头要保持接触良好。线圈的绝缘材料不同，允许的温升是不同的。对于一般常用的A级绝缘线圈，在线圈通电一小时后，用手摸线圈外部，如不感到烫手，则线圈的温度可认为是正常的；如觉烫手，或伴有焦味，则需检查绝缘电阻是否太低，线圈电阻是否减小，如果电阻减小，有可能是匝间短路。

第四节　电气控制电路的基本环节

任何一个复杂的电器控制线路，看上去元件繁多、结构复杂，然而仔细分析和解剖一下，就会发现它们总是由一些基本的控制环节、基本的控制方法以及保护环节等，根据工作机的要求，按照一定的规律组合起来的。因此，掌握这些内容是学习电器控制线路的基础。

一、点动和起、停线路

船舶机械常常需要试车或调整，此时拖动船舶机械的电动机就需要所谓"点动动作"。"点动"的意思就是当手按下按钮时，电动机转动；而当手指离开按钮后，电动机就停止。如图1-45（a）所示就是实现电动机点动的环节线路。当操作者按下点动按钮SB1时，接触器KM的线圈通电，于是KM的主触头闭

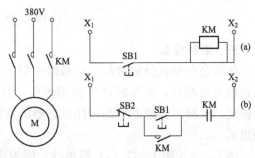

图1-45　点动起停环节

合，电动机接入三相交流电源而转动；当操作者松开按钮时，SB1 的触点在弹簧力作用下复位（打开），接触器 KM 释放，其主触头打开，电动机脱离电源而停转。如果要求电动机能连续工作，则可由如图 1 - 45（b）所示线路实现。即按下起动按钮 SB1，接触器 KM 动作，其主触头和与 SB1 并联的辅助触头均闭合，主触头 C 将电动机接通电源而转动。此时虽放开按钮 SB1，但接触器的线圈经闭合的辅助触头 C 仍继续通电，故电动机仍能通过主触头保持通电而继续转动。在这里，是用辅助触头 C 来代替 SB1 的闭合，这种由接触器本身的触点使其线圈长期通电的环节称为"自锁环节"，称此触头为"自锁"触头。如需要电动机停转时，只需按下停止按钮 SB2，该 SB2 的动合触点打开，则接触器线圈断电，接触器释放，电动机即脱离电源停转。

二、可逆线路

"可逆线路"即正反转线路。这是许多船舶机械（如锚机、舵机等）所需要的。如图 1 - 46 所示为简单的笼形感应电动机的可逆线路。正向接触器 1KM 实现电动机的正向旋转，而反向接触器 2KM 则实现电动机的应向旋转。当按下正转按钮 SB1 时，接触器 1KM 线圈通电，电动机接入正相序三相交流电源而正向旋转。欲使电动机反转，须先按下停止按钮 SB3，使接触器 1KM 释放以后，然后再按下反转按扭 SB2，此时接触器 FC 通电，其主触头闭合，电动机定子绕组接入逆相序电源，从而使电动机反向旋转，同时，动合辅助触头 2KM 断开，确保接触器 1KM 线圈不能同时通电，可避免因 1KM、2KM 主触头同时闭合造成电源的相间短路。上述是采用辅助触头来实现电气互锁控制，还有一种方法是采用机械互锁的，即用机械杠杆将两个接触器的衔铁互相锁住，当其中一个接触器的衔铁被吸合时，另一个接触器即使在线圈通电时，衔铁亦不能被吸上。

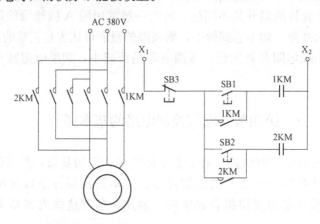

图 1 - 46　可逆线路

三、联锁控制

如两台电动机分别由两个接触器控制，但起动第二台电动机时，必须先起动第一台电动机后方可起动；停车时却可分别停车，且当第一台电动机停转时，第二台电动机亦同时停转，这种电器控制线路可用接触器的动断辅助触头实现，如图 1 - 47 所示（主电路来画出）。

图 1 - 48 比图 1 - 47（a）简单些，因为这里只用了接触器 1KM 的一个动断辅助触点，但这个线路却不可能使第二台电动机单独停车。因为停止按钮 SB3 是接在辅助电路的干线

上，只要按下 SB3，接触器 1KM 和 2KM 都断电，因此两台电动机同时停转。

当一台电动机起动时，不允许另一台电动机起动，这时就可用两个接触器分别控制两台电动机，而将其中一个接触器的动断辅助触点串接在另一个接触器线圈的支路上。

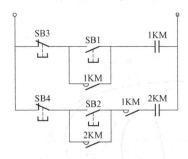 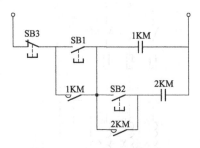

图 1-47　联锁控制线路 1　　　　　　　　　　　图 1-48　联锁控制线路 2

四、两地控制

对于有些船舶机械，为了操作方便，往往要求在两个或两人以上的地点都能进行操作。实现这种控制要求的辅助电路如图 1-49 所示。

实质上，两地控制就是在各人操作地点上，各安装一套按钮。其接线的原则是，各起动按钮的动合触点相并联，而各停止按钮的动断触点相串联。对于直流控制电路，其控制的基本环节与交流控制电路一致，只是所用电源与电器是直流电源和直流电器而已。

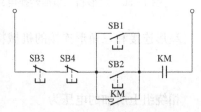

图 1-49　两地控制环节

综上所述，自锁是实现连续工作的保证；互锁是可逆线路中防止电源相间短路的措施；而联锁则是实现几种运动之间互相联系而又互相制约的关系。联锁控制中，当接触器 1KM 动作后，才允许 2KM 动作，这是"与"的关系；互锁和联锁控制中、当接触器 1KM 动作后，不允许 2KM 动作，这是"非"的关系；而两地控制中，只要其中一动合按钮闭合就能实现控制作用，这就是"或"的关系。实现这种"与""非""或"的关系的控制环节，是电动要最基本的控制环节。

第五节　交流电动机的起动控制电路

根据船舶电网容量和电动机单机功率的情况，船舶电动机多采用交流异步电机，其起动控制比直流电动机简单得多，而且一般都采用直接起动的方法。

对于直接起动的异步电动机，它的起动特性就是它的固有特性。但是因为起动电流大（$4I_e \sim 7I_e$），如果电动机的功率较大而电站发电机的功率有限时，巨大的起动电流就可能影响电站的稳定工作，并最终影响到电站中的其他电气设备。基于这一情况，船上对中等功率以上的电动机一般都采用限制起动电流的方法进行起动。包括有星形—三角形起动，自耦变压器降压起动和软起动三种，下面将以星形—三角形起动控制线路为例讨论交流电动机起动控制。

一、星形—三角形起动控制线路

星形— 三角形起动方法是在起动时将电动机接成星形（图 1 - 50 中开关 K2 向左合），转速上升后再换接或三角形（图 1 - 51 中 K2 向右合）继续加速到稳定工作。

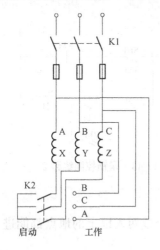

图 1 - 50 星形和三角形转换电路

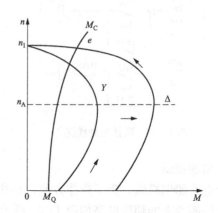

图 1 - 51 星形和三角形连接的机械特性

星形连接和三角形连接的机械特性比较，如图 1 - 51 所示，起动电流是

$$I_{Y相} = \frac{1}{\sqrt{3}}I_{\triangle 相} \tag{1-9}$$

相绕组上所加的电压为

$$U_{Y相} = \frac{1}{\sqrt{3}}U_{\triangle 相} \tag{1-10}$$

由于磁通 $\Phi_m \equiv E_1 \approx U_{相}$，因此

$$\Phi_{Ym} = \frac{1}{\sqrt{3}}\Phi_{\triangle m} \tag{1-11}$$

如果忽略两种连接的 $\cos\varphi_2$ 的微小差异，则转矩

$$M_Y = K\Phi_{Ym}I_{2Y}\cos\varphi_2 \tag{1-12}$$

$$= K\left(\frac{1}{\sqrt{3}}\Phi_{\triangle m}\right)\left(\frac{1}{\sqrt{3}}I_{2\triangle}\right)\cos\varphi_2 = \frac{1}{3}M_{\triangle} \tag{1-13}$$

整个起动过程的特性转换如图 1 - 51 所示。

从上述的情况可见，这种起动方法只适用于工作时做三角形连接的电动机，同时由于起动转矩 M_Q 减小太多，它只能在空载或轻载下起动。

如图 1 - 52 所示是某船采用星形—三角形自动起动的海淡水备用泵控制线路。此线路的主要电器有：

接触器 1KM、2KM：1KM 使定子绕组接成星形；2KM 把定子绕组接成三角形。

时间继电器 1KT、2KT：作为时间原则起动的控制电器。

起动过程如下：

接通电源开关 QS，指示灯 HL1 亮，表示控制线路有电源。按下起动按钮 SB1，接触器 KM 通电自保，其主触头闭合，使定子绕组接成星形 ［图 1 - 53 （b）］起动；同时 HL1 指示灯熄灭，缓放延时继电器 2KT 通电动作，使缓吸延时继电器 1KT 通电，延时吸动其触点。经过这一段延时，转速上升，电流减小，继电器 1KT 的触点也变换通断状态，一方面自保，另一方面断开接触器 1KM 的线圈电路（如果按钮 SB1 松开），继电器 2KT 断电延时释放，接通接触器 2KM，把定子绕组改接成三角形，如图 1‐53（c）所示，直至起动完毕。与此同时，工作指示灯 HL2 亮，表示进入正常工作状态。

需要指出的是，1KT 延时完毕后，2KT 开始延时。2KT 延时的目的是保证接触器 1KM 确实断电释放后，2KM 接触器才接通，确保两个接触器不会同时接通，否则将导致电源各相间短路。

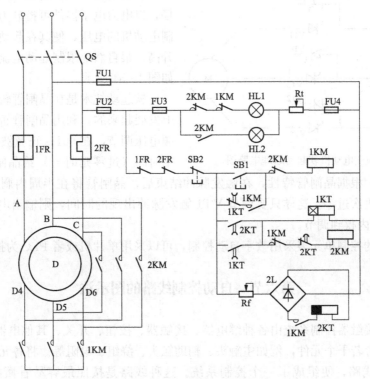

图 1‐52 星形—三角形自动起动控制线路

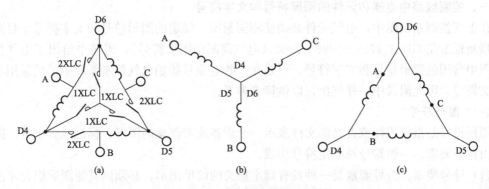

图 1‐53 定子绕组连接示意图

（a）定子绕组的外部接线图；（b）定子绕组接成星形连接；（c）定子绕组接成三角形连接

星形—三角形起动器是降压起动器中结构最简单、成本最低的一种，然而它的性能受到限制，主要表现在：①无法控制电流和转矩下降速度，这些值是固定的，为额定值的 1/3；②当起动器从星形接法切换到三角形接法时，通常会出现较大的电流和转矩变动，这将引起机械和电气应力，导致经常性故障的发生。

二、软起动器

在一些对起动要求较高的场合，可选用软起动装置，它采用电子起动方式，其基本原理是利用晶闸管额移相调压方式控制起动电压和起动电流。

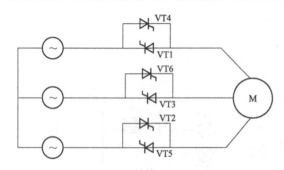

图 1-54　电动机软起动原理电路图

软起动器于 20 世纪 80 年代初投入市场，以电力电子器件可控硅为基础，通过控制电动机的电压，使其在起动过程中逐渐地升高，很自然地限制起动电流，起动原理图如图 1-54 所示。

软起动技术是在晶闸管斩波技术的基础上发展起来的，利用晶闸管斩波技术进行工频电压调节，在 50Hz 正弦波每个半周内固定时间（过零延时 t_1）给晶闸管 VT1 门极一个触发脉冲。根据晶闸管特性，在触发脉冲结束后，晶闸管将在半周内剩余时间维持导通，直至电压再次过零。这样只要调节 VT1 触发脉冲出现的时间，则输出电压将会在 0～100% 输入电压内得到调节。

软起动器的控制单元多采用数字自动控制，可以采用单片机或者 PLC 为控制核心。

第六节　自动控制线路的图示法

继电器—接触器控制系统由各种继电器、接触器、按钮、开关、其他电器及电机组成。每个电器又包含若干个元件，例如主触头、辅助触头、绕组、电阻等。将各元件用导线连接成一定的电气线路，便组成了一个控制系统。这种线路是按照最容易看懂的原则绘制出来的。

一、控制线路中电器和元件的图形符号和文字符号

在电气控制系统图中，电气元件必须使用国家统一规定的图形符号和文字符号。目前遵行的最新标准是 GB/T 4728—1996～2000《电气简图用图形符号》，附录中给出了电气控制系统图中常用的图形符号和文字符号。但是在一些老型号船舶电气控制系统中仍然采用了旧的图文符号，因此附录中一并列出，以供读者参考。

（一）图形符号

图形符号是指用图样或者其他文件表示一个设备或者概念的图形、标记或者字符。图形符号由符号要素、一般符号及限定符号构成。

（1）符号要素。符号要素是一种具有确定意义的简单图形，必须同其他图形组合才能构成一个设备或概念的完整符号。例如，三相异步电动机是由定子、转子以及各自的引线等几个符号要素构成，这些符号要求有确切的含义，但一般不能单独使用，其布置也不一定与符号所表示的设备使用结构相一致。

（2）一般符号。一般符号用以表示一类产品和此类产品特征的一种简单的符号，它们是各类元器件的基本符号。例如，一般电阻器、电容器和具有一般单向导电性的二极管符号；又如，电动机可以用一个圆圈表示。一般符号不但广义上可以表示各类元器件，也可以表示没有附加信息或功能的具体元件。

（3）限定符号。限定符号适用于提供附加信息的一种加在其他符号上的符号。例如，在电阻器一般符号的基础上，加上不同的限定符号可组成可变电阻器、光敏电阻器、热敏电阻器等具有不同功能的电阻器。也就是说，使用限定符号后，可以使图形符号具有多样性。限定符号一般不能单独使用。一般符号有时也可以作为限定符号用，例如，电容器的一般符号加到二极管的一般符号上就构成了变容二极管的符号。

运用图形符号绘制电气控制系统图时应注意以下几点：

（1）所有符号均以无电压、无外力作用的正常状态表示，如按钮未按下，继电器接触器线圈未通电等。

（2）在图形符号中，某些设备元件有多个图形符号，在选用时应尽可能选用优选图形。在能够表达其含义的情况下，尽可能采用简单图形，在同一图中使用时，应采用同一形式。图形符号的大小和线条粗细，同一图应基本一致。

（3）为适应不同需要，可将图形符号放大或缩小，但各符号之间的相互比例应保持不变，图形符号绘制时方位不是强制的，在不改变符号本身含义的前提下，可将图形符号旋转或成镜像放置。

（4）图形符号中导线符号可以用不同宽度的线条表示，以突出和区分某些电路或连接线，一般常将电源或者主信号线用加粗的实线表示。

（二）文字符号

文字符号分为基本文字符号和辅助文字符号，它适用于电气技术领域中技术文件的绘制，也可用在电气设备、装置和元器件上或其附近，以标明它们的名称、功能、状态和特征。

1. 基本文字符号

基本文字符号有单字母符号和双字母符号两种。

单字母符号按拉丁字母顺序将各种电气设备、装置和元器件划分为 23 大类，每一类用一个专用字母符号表示。例如，"R"代表电阻器类，"M"代表电动机类，"C"代表电容器类，等等。

双字母符号由一个代表种类的单字母符号和另一个字母组成，且单字母符号在前、另一字母在后，后面字母通常选用该类设备、装置和元器件的英文名词的首字母。这样，双字母符号可以较详细和更具体地表述设备、装置和元器件的名称。例如，"F"表示保护器件类，"FU"则表示熔断器；"RP"代表电位器，等等。

2. 辅助文字符号

辅助文字符号表示设备、装置和元器件及电路的功能、状态和特征，通常也由英文单词的前一两个字母构成。例如，"DC"代表直流，"IN"代表输入，"S"代表信号。

辅助文字符号通常放在表示种类的单字母符号之后，构成组合双字母符号，若辅助文字符号由两个以上字母组成，则只允许采用第一位字母进行组合。例如，"Y"表示电气操作机械的单字母符号，"B"代表制动的辅助文字符号，"YB"则代表制动电磁铁的组合符号。辅助文字符号也可以单独使用，如"ON"代表接通，"N"代表中性线等。

3. 补充文字符号

若规定的基本文字符号和辅助文字符号不予使用，可按国家标准中文文字符号组成规律予以补充，但所有的字符加在一起一般不得超过三位。例如，若需对相同的设备、装置和元器件加以区别，常用数字符号进行编号，例如"M1"表示1号电动机，"T2"表示2号变压器等。

（三）接线端子标记

1. 主电路各接线端子标记

三相交流电源引入线采用 L1、L2、L3 标记。

电源开关之后的三相交流电源主电路分别按 U、V、W 顺序标记。

分级三相交流电源主电路采用在三相文字代号 U、V、W 的前面加上阿拉伯数字1、2、3 等来进行标记，如 1U、1V、1W，2U、2V、2W 等。

各电动机分支电路各接点标记采用三相文字代号后面加数字标记。如 U1、V1、W1 表示 M1 电动机绕组首端，而 U11 表示 M1 电动机第一相的第一个接点代号，U12 为 M1 电动机第一相的第二个接点代号，等等，依此类推。

2. 控制电路各电路连接标记

控制电路采用阿拉伯数字编号，一般由不超过三维的数字组成。标注方法按"等电位"原则进行，在垂直绘制的电路中，标号顺序一般由上而下、由左至右编号，凡是被线圈、绕组、触点、电阻、电容等元件所间隔的线段，都应标以不同的电路标号。

二、电气线路图

电气线路可以分为两部分：主电路和辅助电路。电动机、发电机等通过大电流的电路属于主电路，其他均属于辅助电路。辅助电路通常主要是控制电路，它包括接触器和继电器的线圈、接触器的辅助触头、继电器和其他控制电器的触头及自动装置的其他元件，辅助电路还包括信号电路、保护电路及各种联锁电路等。一般说来，信号电路是附加的，如果将它从控制电路中分出，并不影响控制电路工作的完整性。

根据需要，电气线路可以按照两种不同的形式绘制：

1. 安装图

为了进行电气控制系统的布线和布缆，必须提供其中各个单元或单元中各个项目（包括元件、器件、组件等）之间的电气连接详细信息，包括连接关系、线缆种类和敷设线路等，将它们用电气图的形式表达出来，这就是电气安装接线图。通常电气安装接线图和电气原理图、电气元件布置图一起使用。

电气安装接线图是安装接线、线路检查、线路维修和故障处理不可缺少的技术文件，根据表达对象和用途不同，它又分为单元接线图、互连接线图和端子接线图。国家标准 GB 6988.5—1986《电气制图、接线图和接线表》详细规定了电气安装接线图的编制管理规则，主要有以下内容。

（1）在电气安装接线图中一般都标出项目的相对位置、项目代号、端子号、导线号、导线型号、导线截面积和端子间的电连接关系。

（2）各个项目采用简化外形（如正方形、矩形、圆形或简单外形轮廓）表示，简化外形旁应标注项目代号，并应与电气原理图中的标注一致。

（3）各电气元件均按实际位置绘出，元器件所占图面按实际尺寸以同一比例绘制。

（4）一个元器件中所有带电部件均画在一起，并用点画线框起来，即采用集中表示法。

（5）各电气元件的图形符号和文字符号必须与电气原理图一致，并符合国家标准。

（6）同一控制盘中的电气元件可以直接连接。而盘内元器件与外部元器件连接时必须通过接线端子进行，凡需接线的部件端子都应绘出，并予以编号，各接线端子编号必须与电气原理图上的导线编号一致。

（7）绘制电气安装接线图时，走向相同的导线可以绘成一股线，互连接线图中的互连关系可用连续线、中断线或结束表示，连接导线应注明导线根数、导线截面积等。一般不表示导线实际走线途径，施工时由操作者根据实际情况选择最佳走线方式。

2. 原理图

电气原理图是为了便于阅读和分析电路，根据简单清晰的原则，采用电器元件展开的形式绘制，表示电气控制系统工作原理的图形。在电气原理图中只包含所有电气元件的导线部件和接线端点之间的相互关系，但并不按照各电气元件的实际布置位置和实际接线情况来绘制，也不反映电气元件的大小。图中画出了电机主电路及连接于主电路的元件，用来说明该电气装置的简单工作原理。而辅助电路由包括所有电器的导电元件，但并不是按照元件实际布置的位置来绘制的，这种线路能够清楚地表明电路的功能，对分析电气系统的工作原理是十分方便的。

三、绘制原理图的规则

绘制原理图的规则就是阅读图纸的规则。为此，将绘制原理图的主要规则归纳如下：

（1）控制系统内的全部电机、电器和其他元件的带电部分都在原理图中表示出来。

（2）电器的各元件不按实际布置的位置来画，而是根据查看图纸的习惯和分析原理方便为主要原则来画的。

（3）同一电器的不同元件可以画在线路图的不同地方。为了表明是属于同一电器的不同元件，可用相同的文字符号来表示。例如，接触器的线圈、主触头、辅助触头都用 KM 表示。

（4）原理图中有几个同样用途的电器时，可在同一文字符号前加数字予以区别。这些电器的动作就是按数字序号进行的。例如，起动电动机用的加速继电器就用 1K、2K、3K 来表示。

（5）图中电器触头的开闭状态均以吸引线圈未通电、手柄置于零位、按钮没有受到外力作用或工作机械在原始位置的情况作为"正常"状态。例如，线圈未通电时，触头呈"闭合"状态的称为动断触头。当电器触点图形符号垂直放置时，动合触点在垂线左侧，动断触点在垂线右侧，即"左开右闭"；当图形符号水平放置时，动合触点在水平线下方，动断触点在水平线上方，即"上闭下开"。

（6）主电路采用粗线绘制；控制电路、保护电路、信号电路等辅助电路用细线绘制。

（7）线路均平等排列变成垂直排列，一般是把图形符号逆时针转 90°角。

船舶常用文字符号（旧）见表 1-7，其常用基本文字符号见表 1-8，其常用图形与文字符号见表 1-9。

表 1-7　　　　　　　　　　　　　船舶常用文字符号（旧）

电器名称	文字符号	电器名称	文字符号
接触器	C	电阻	R、r
继电器	J	附加电阻	R_f
交流接触器	JC	起动电阻	R_q
直流接触器	ZC	制动电阻	R_{zd}
交流继电器	JJ	放电电阻	R_{fd}
直流继电器	ZJ	经济电阻	R_j
时间继电器	SJ	熔断器	RD
负载继电器	FJ	电磁制动器	ZDQ
电流继电器	FJ	按钮	LA
零压继电器	LJ	起动按钮	QA
低压继电器	DYJ	停止按钮	TA
过载继电器	GLJ	正转按钮	ZA
热继电器	RJ、EJ	逆转按钮	NA
温度继电器	WJ	紧急按钮	JA
压力继电器	YJ	开关	K
线路接触器	XC、XLC	控制开关	KK
正转接触器	ZC	应急开关	EK
逆转接触器	FC、NC	行程开关	CK
加速接触器	JC、JSC	转换开关	WK
中间继电器	OJ、JO	接地开关	DK、DAK
发电机	F	自动开关	DZ
电动机	D	主令控制器	LK
并激绕组	B、BQ	频敏变阻器	PBU
串激绕组	C、CQ	电流互感器	LH
换向极绕组	FQ、HQ	电磁阀	DCF
变压器	B	整流器	ZL
自耦变压器	ZB	分流器	FL
制动器接触器	ZDC	指示灯	XD

表 1 - 8		常用基本文字符号			
元件类型	元件名称	基本文字符号			
		GB 7159—1987		GB 315—1964	
		单字母	双字母		
变换器	测速发电机	B	BR	SF	
电容器		C		C	
保护电器	熔断器	F	FU	RD	
	过流继电器		FA	GLJ	
	过压继电器		FV	GYJ	
	热继电器		FR	RJ	
发电机	同步发电机	G	GS	F	
	异步发电机		GA	F	
信号器件	指示灯	H	HL	LD	
接触器 继电器	接触器	K	KM	C	
	时间继电器		KT	SJ	
	中间继电器		KA	ZJ	
	速度继电器		KV	SDJ	
	电压继电器		KV	YJ	
	电流继电器		KA	LJ	
电抗器		L		DK	
电动机		M	MG、MT	D、DF、DM	
开关器件				K	
	断路器	Q	QF	DL	
	自动开关		QA	ZK	
	隔离开关		QS	GK	
	接地开关		QS	DK	
	控制开关	S	SA	KK	
	按钮开关		SB	AK	
	限位开关		SQ	XK	
变压器	电流互感器	T	TA		
	电压互感器		TV		
	控制变压器		TC		
电阻器	电位器	R	RP	R、W	
	压敏电阻		RV	YR	
晶体管	二极管	V		D	
	晶体管			T	
	晶闸管			K	
操作器件	电磁铁	Y	YA	M	
	电磁制动器		YB	MT	
	电磁阀		YU	CT	

表 1-9　　　　　　　　　　　　　　**常用图形与文字符号**

名称	图形符号		文字符号	
	新	旧	新	旧
	GB 4728	GB 312—1964	GB 7159	GB 315
时间继电器 通电延时吸合	形式1 形式2			
时间继电器 断电延时打开	形式1 形式2		KT	SJ
时间继电器 断电延时吸合	形式1 形式2			
时间继电器 通电延时打开	形式1 形式2			
接触器主触头			KM	C
三相鼠笼式 电动机				
三相线绕 电动机				

续表

名称	图形符号		文字符号	
	新	旧	新	旧
	GB 4728	GB 312—1964	GB 7159	GB 315
直流串励电动机				
直流并励电动机				
双绕组变压器	形式1 形式2			
电抗器扼流圈	形式1 形式2			
行程开关（动合）				
行程开关（动断）				
热继电器发热元件			FR	RJ
热继电器触头				

续表

名称	图形符号		文字符号	
	新	旧	新	旧
	GB 4728	GB 312—1964	GB 7159	GB 315
接触器继电器线圈			KM	C
接触器动合辅助触头				
接触器动断辅助触头				
刀开关			Q（电力） S（控制）	K
自动开关			OA	ZK
按钮（动合）	形式1 形式2		SB	QA
按钮（动断）	形式1 形式2			TA
继电器通电延时线圈			KT	SJ
继电器断电延时线圈				

续表

名称	图形符号		文字符号	
	新	旧	新	旧
	GB 4728	GB 313—1964	GB 7159	GB 315
零压继电器线圈	U=0		K	J
欠电压继电器线圈	U<			
过电流继电器线圈	I>			
晶闸管			VT	SCR
电流互感器			LH	TA
电压互感器			YH	TV
二极管			V	D
三极管				BG
发光二极管				
稳压管				DW
光耦合器			B	
整流器			U	ZL
全桥整流器				
信号灯			HL	HD

续表

名称	图形符号		文字符号	
	新	旧	新	旧
	GB 4728	GB 312—1964	GB 7159	GB 315
主令控制器	暂用旧标准		SA	LK
一般接地			E	
保护接地			PE	
接机壳			MM	
电力变压器			TM	
控制变压器			TC	

本 章 小 结

　　目前船舶辅机的电力拖动自动控制系统，基本上都是采用接触器—继电器控制系统来控制电动机的工作状态及状态转换，使用该控制系统不仅可以实现控制过程的自动化，还可以实现集中控制和远距离控制。即使在将来高度自动化之后，继电器—接触器控制系统仍将在船舶机械的电力拖动中占有一定的地位。

　　船用低压电器用途广泛，种类繁多。常用的动力电路电器元件有三种：自动空气开关、接触器和熔断器，常用的控制电路电器元件有：电磁继电器、时间继电器、热继电器、温度继电器、速度继电器、压力继电器以及各种手动开关。

　　任何复杂的电力拖动控制装置都是由一些典型的基本控制环节组成，如启停控制环节、互锁控制环节、联锁控制环节、两地控制环节等，理解并掌握这些基本环节是学习船舶电力拖动控制装置的基础。

　　当交流电动机容量较小或者电站容量较大时，交流电动机一般都采用直接起动的方法。而船上对中等功率以上的电动机一般都采用限制起动电流的方法进行起动，主要包括星形—三角形起动、自耦变压器降压起动及软起动器等几种方法。

习　题

　　1-1　电力拖动系统可以分成哪两大部分？

　　1-2　动力线路中常用的电器元件有哪些？

　　1-3　自动空气开关的保护附件有哪些？

1-4　自动空气开关的欠压脱扣器如何工作的？

1-5　简述电磁式接触器的结构及工作原理。

1-6　常见的灭弧装置有哪些？

1-7　交流接触器的磁路为什么加装短路环？

1-8　熔断器的结构可分为哪几类？

1-9　继电器有哪些用途？输入量有哪些类型？

1-10　电磁式继电器动作参数的整定方法有哪三种？整定原理分别是什么？

1-11　常用的时间继电器有哪几种？

1-12　简述直流电磁式时间继电器中阻尼铜套的工作原理。

1-13　热继电器的用途及工作原理。

1-14　信号继电器有哪几类？

1-15　手动控制电器有哪些？

1-16　主令控制器的符号如何表示？

第二章 基于 PLC 的电气控制技术

随着自动控制技术的发展，可编程控制器（PLC）既可代替传统继电器接触器控制系统，也具有模拟量采集和控制功能，同时控制逻辑和算法可灵活编程，在船舶领域的应用日益广泛。

第一节 PLC 概述

一、可编程控制器的产生与发展

继电器—接触器控制系统是应用最早的控制系统，是由按钮、接触器、继电器等组成的控制系统。它具有结构简单、容易掌握、维修方便、价格低廉的特点，多年来在各种生产机械的电器控制领域中，一直获得广泛的应用。由于生产机械的种类繁多，所要求的控制线路也是千变万化、多种多样的，但它们都遵循一定的原则和规律。只要通过典型控制线路的分析和研究，掌握其规律，还是能够阅读控制线路和设计控制线路的。但是，继电器—接触器控制系统存在设备体积大、开关动作慢、功能较少、接线复杂、触点易损坏、改接麻烦、灵活性较差等缺点。20 世纪 70 年代中期出现了微处理器和微型计算机，人们把微机技术应用到可编程控制器中，使它同时具有计算机的一些功能，不但用逻辑编程取代了硬接线逻辑，还增加了运算、数据传送与处理、对模拟量进行控制等功能。

可编程控制器是在继电器控制和计算机控制的基础上开发出来的，并逐渐发展成以微处理器为基础，综合计算机技术、自动控制技术和通信技术等现代技术于一体的新型工业自动控制装置。因早期的可编程控制器主要用于代替继电器实现逻辑控制，所以将它称为可编程逻辑控制器，简称 PLC。

近年来，随着微电子技术和计算机技术的迅猛发展，可编程逻辑控制器不仅能实现逻辑控制，还具有数据处理及通信等功能，故称为可编程控制器，简称 PC。由于个人计算机也简称为 PC，为了不使两者混淆，人们仍习惯地用 PLC 作为可编程控制器的缩写，并沿用至今。

国际电工委员会在 1985 年颁布的标准中，对 PLC 做了如下定义：PLC 是一种专为工业环境下应用而设计的数字运算操作的电子系统。它采用可编程的存储器，用来在其内部存储执行逻辑运算、顺序控制、定时、计数和算术运算等操作的指令，并通过数字式、模拟式的输入和输出，控制各种机械或生产过程，PLC 及其有关设备，都应按易于与工业控制系统形成一个整体，易于扩展其功能的原则设计。由此可见，PLC 是一种由用户自己编程的通用的控制装置，用户可根据不同的使用场合，不同的控制需要，对其编写不同的控制程序。

二、可编程控制器的特点

PLC 能如此迅速发展的原因，除了工业自动化的客观需要外，还因为其有许多独特的优点。它能较好地解决工业控制领域中用户普遍关心的可靠、安全、灵活、方便、经济等问题。它具有以下主要特点。

（1）可靠性高，抗干扰能力强。继电器—接触器控制系统使用大量的机械触点，连接线路比较繁杂，且触点通断时有可能产生电弧和机械磨损，影响其寿命，可靠性差。PLC 中采用现代大规模集成电路，比机械触点继电器的可靠性要高。在硬件和软件设计中都采用了先进技术以提高可靠性和抗干扰能力。比如，用软件代替传统继电器 接触器控制系统中的中间继电器和时间继电器，只剩下少量的硬件，将触点因接触不良造成的故障大大减小，提高了可靠性；所有 I/O 接口电路都采用光电隔离，使工业现场的外电路与 PLC 内部电路进行电气隔离；增加自诊断、纠错等功能，使其在恶劣工业生产现场的可靠性、抗干扰能力得到提高。

（2）灵活性好，扩展性强。继电器—接触器控制系统由继电器等低压电器采用硬件接线实现，连接线路比较繁杂，而且每个继电器的触点数目有限，当控制系统功能改变时，需改变线路的连接，所以继电器—接触器控制系统的灵活性、扩展性差，而由 PLC 构成的控制系统，只需在 PLC 的端子上接入相应的控制线即可，减少了接线，当控制系统功能改变时，有时只需编程器在线或离线修改程序，就能实现其控制要求。PLC 内部有现成大量的编程元件，能进行逻辑判断、数据处理、PID 调节和数据通信功能，可以实现非常复杂的控制功能，若元件不够时，只需加上相应的扩展单元即可，因此 PLC 控制系统的灵活性好，扩展性强。

（3）控制速度快，稳定性强。继电器—接触器控制系统是依靠触点的机械动作来实现控制的，其触点的动断速度一般在几十毫秒，若影响控制速度，有时会出现抖动现象。PLC 控制系统由程序指令控制半导体电路来实现，响应速度快，一般执行一条用户指令只需几微秒，PLC 内部有严格的同步，不会出现抖动现象。

（4）延时调整方便，精度较高。继电器—接触器控制系统的延时控制是通过时间继电器来完成的，而时间继电器的延时调整不方便，且易受环境温度和湿度的影响，延时精度不高。PLC 控制系统的延时是通过内部时间元件来完成的，不受环境温度和湿度的影响，定时元件的延时时间只需改变定时参数即可调整，因此其定时精度较高。

（5）系统设计安装快，维修方便。继电器—接触器实现一项控制工程，其设计、施工、调试必须依次进行，周期长，维修比较麻烦。PLC 使用软件编程取代继电器—接触器中的硬件接线而实现相应功能。使安装接线工作量减小，现场施工与控制程序的设计还可同时进行，周期短、调试快。PLC 具有完善的自诊断、数据存储及监视功能，对于其内部工作状态、通信状态、异常状态和 I/O 点的状态均有显示，若控制系统有故障时，工作人员通过它即可迅速查出故障原因，及时排除故障。

三、可编程控制器与继电器接触器控制的区别

可编程控制器作为传统继电器接触器控制系统的替代产品，已广泛应用于工业控制的各个领域。由于它可通过软件来改变过程，而且具有体积小、组装灵活、编程简单、抗干扰能力强及可靠性高等特点，非常适合在恶劣的工业环境下使用。两者的性能比较见表 2-1。

表 2-1   **继电器控制系统与 PLC 控制系统的对比**

序号	比较项目	继电器控制	PLC 控制
1	控制逻辑	硬接线多、体积大、连线多	软逻辑、体积小、接线少、控制灵活
2	控制速度	通过触点开关实现控制，动作受继电器硬件限制，通常超过 10ms	由半导体电路实现控制，指令执行时间段，一般为微秒级

续表

序号	比较项目	继电器控制	PLC 控制
3	定时控制	由时间继电器控制，精度差	由集成电路的定时器完成，精度高
4	设计与施工	设计、施工、调试必须按照顺序进行，周期长	系统设计完成后，施工与程序设计同时进行，周期短
5	可靠性与维护	寿命短，可靠性与可维护性差	无触点，寿命长，可靠性高

四、PLC 的应用

目前，可编程序控制器已经广泛地应用在各个工业部门。随着其性能价格比的不断提高，应用范围还在不断扩大，主要有以下几个方面：

1. 逻辑控制

可编程序控制器具有"与""或""非"等逻辑运算的能力，可以实现逻辑运算，用触点和电路的串、并联，代替继电器进行组合逻辑控制，定时控制与顺序逻辑控制。数字量逻辑控制可以用于单台设备，也可以用于自动生产线，其应用领域最为普及，包括微电子、家电行业也有广泛的应用。

2. 运动控制

可编程序控制器使用专用的运动控制模块，或灵活运用指令，使运动控制与顺序控制功能有机地结合在一起。随着变频器、电动机起动器的普遍使用，可编程序控制器可以与变频器结合，运动控制功能更为强大，并广泛地用于各种机械，如金属切削机床、装配机械、机器人、电梯等场合。

3. 过程控制

可编程序控制器可以接收温度、压力、流量等连续变化的模拟量，通过模拟量 I/O 模块，实现模拟量（Analog）和数字量（Digital）之间的 A/D 转换和 D/A 转换，并对被控模拟量实行闭环 PID（比例—积分—微分）控制。现代的大中型可编程序控制器一般都有 PID 闭环控制功能，此功能已经广泛地应用于工业生产、加热炉、锅炉等设备，以及轻工、化工、机械、冶金、电力、建材等行业。

4. 数据处理

可编程序控制器具有数学运算、数据传送、转换、排序和查表、位操作等功能，可以完成数据的采集、分析和处理。这些数据可以是运算的中间参考值，也可以通过通信功能传送到别的智能装置，或者将它们保存、打印。数据处理一般用于大型控制系统，如无人柔性制造系统，也可以用于过程控制系统，如造纸、冶金、食品工业中的一些大型控制系统。

5. 构建网络控制

可编程序控制器的通信包括主机与远程 I/O 之间的通信、多台可编程序控制器之间的通信、可编程序控制器和其他智能控制设备（如计算机、变频器）之间的通信。可编程序控制器与其他智能控制设备一起，可以组成"集中管理、分散控制"的分布式控制系统。

当然，并非所有的可编程序控制器都具有上述功能，用户应根据系统的需要选择可编程序控制器，这样既能完成控制任务，又可节省资金。

第二节　PLC 结构与原理

一、PLC 的结构

任何一种继电器控制系统是由三个基本部分组成，即输入部分、逻辑部分和输出部分。其中输入部分是指各类按钮、行程开关和转换开关等；逻辑部分是指由各种继电器及其触点组成的实现一定逻辑功能的控制线路；输出部分是指各种电磁阀、线圈、接通电动机的各种接触器以及信号指示灯等执行元件。

与继电器控制系统类似，可编程序控制器实际上是一种工业控制计算机，主要由 CPU（中央处理单元）、存储器（RAM 和 EPROM）、输入/输出模块（简称 I/O 模块）、编程器和其他扩展模块五大部分组成，如图 2-1 所示。

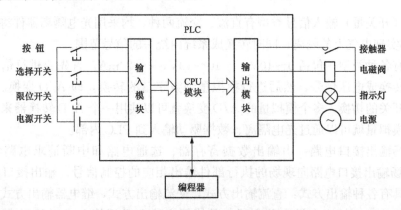

图 2-1　PLC 控制系统示意图

1. CPU 模块

CPU 模块又叫中央处理单元或控制器，它主要由微机处理器（CPU）和存储器组成。中央处理器（CPU）——中央处理器是整个 PLC 的核心组成部分，是系统的按控中枢。主要功能是实现逻辑运算、数学运算，协调控制可编程控制器内部的各部分工作。PLC 的 CPU 内部结构与微型计算机的 CPU 结构基本相同，PLC 的整体性能取决于 CPU 的性能。因此，常用的 CPU 主要是通用的微处理器、单片机。

2. 存储器

存储器主要用于存放系统程序、用户程序以及工作时产生的数据，系统程序是指 LPC 完成各种功能的系统管理程序、监控程序、用户逻辑解释程序、标准子程序模块和各种系统参数，由 PLC 生产厂家编写并固化在只读存储器（ROM）中。用户程序只由用户根据工业现场的要求所编写的控制程序，允许用户修改，最终存储于 PLC 中。

3. I/O 模块

I/O 接口是 PLC 与现场各种信号相连接的部件，它能处理这些信号并具有抗干扰能力。I/O 接口通常配有电平变换、光电隔离和滤波电路，它可分为：数字量输入、数字量输出、模拟量输入和模拟量输出。

（1）现场输入接口电路：输入的开关量信号接在 IN 端和 OV 端之间，PLC 内部提供 24V 电源，输入信号通过光电隔离，通过 R/C 滤波进入 CPU，CPU 发出输出信号至输出端。由光耦合电路和微机的输入接口电路，作用是 PLC 与现场控制的接口界面的输入通道，如图 2-2 所示。

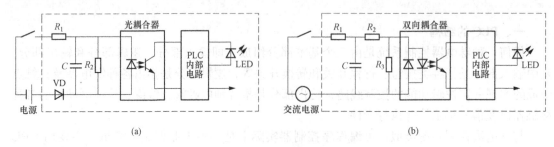

(a)　　　　　　　　　　　　　　　　　　(b)

图 2-2　PLC 输入接口电路

(a) 直流开关量输入；(b) 交流开关量输入

数字量（开关量）输入信号类型有直流、交流两种，均采用光电隔离器件将现场电信号与 PLC 内部实现电气上的隔离，同时转换成系统内统一的信号范围。

模拟量有各种类型，包括 $0\sim10V$，$-10\sim10V$，$4\sim20mA$。首先要进行信号处理，将输入模拟量转换成电压信号，然后进行模拟量到数字量的转换，即 A/D 变换。通过采样、保持和多路开关的切换，多个模拟量的 A/D 变换就可以共用一个 A/D 转换器来完成。转换为数字量的模拟量就可以通过光电隔离、数据驱动输入到 PLC 内部。

（2）现场输出接口电路：由输出数据寄存器、选通电路和中断请求电路集成，作用 PLC 通过现场输出接口电路向现场的执行部件输出相应的控制信号。输出接口除具有光电隔离外，还具有各种输出方式：直流输出方式，交流输出方式，继电器输出方式，还有的提供功率放大等。PLC 输出有继电器方式、晶体管方式和晶闸管方式三种型式，如图 2-3 所示。

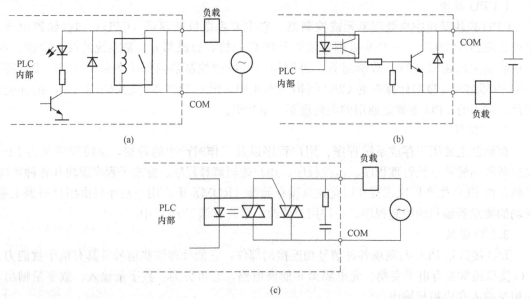

(a)　　　　　　　　　　　　　　　　　　(b)

(c)

图 2-3　PLC 输出接口电路

(a) 继电器输出型；(b) 晶体管输出型；(c) 晶闸管输出型

模拟量的输出是把 PLC 内的数字量转换成相应的模拟量。整个过程可分为光电隔离、数/模转换和模拟信号驱动输出等环节。PLC 内的数字量经过光电隔离实现两部分电路上的电气隔离，数字量到模拟量的转换由 D/A 转换器完成，转换后的模拟量再经过运算放大器等模拟器件进行相应的驱动，形成现场所需的控制信号。

4. 编程器

通过计算机的通用接口（COM1）与 PLC 的专用通信接口相连，可在 PC 机上进行编程、调试、监控、参数设置。

5. 扩展模块

除了本 I/O 外，PLC 还使用扩展模块增加 I/O 点数，如数字量扩展模块、模拟量扩展模块等，扩展、模块展通过扁平电缆线连接到 CPU 模块上的扩展接口。智能模块扩展了 PLC 可处理的信号范围，能使 CUP 处理更多的控制任务。智能模块包括：高速脉冲计数器、PID 调节单元、PLC 网络接口、PLC 与计算机通信接口等。

二、PLC 的工作过程

PLC 是一种由程序控制运行的设备，其工作过程与微型计算机有很大差异。微型计算机运行到结束指令时，程序运行结束。而 PLC 的工作方式是采用周期循环扫描，扫描既可按固定顺序进行，也可按用户程序规定的顺序进行。

PLC 和外部设备元器件连接简化图举例如图 2-4 所示。外部输入器件，如按钮、开关等都连接到 PLC 输入接口。所有需要起动、执行、指示等器件，如线圈、指示灯，都连接到 PLC 输出接口。继电器系统的复杂网络功能都由 PLC 的 CPU 来完成。

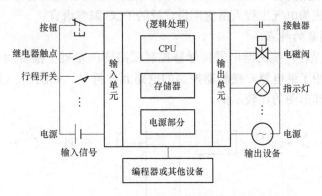

图 2-4　PLC 和外部设备元器件的连接简化图

PLC 采用集中采样、集中输出的工作方式，减少了外界干扰的影响。PLC 的循环扫描过程分为输入采样、程序执行和输出刷新三个阶段。

（1）输入采样阶段。在输入采样阶段，PLC 以扫描方式按顺序将所有输入端的输入状态进行采样，并将采样结果分别存入相应的输入映像寄存器中，此时输入映像寄存器被刷新。接着进入程序执行阶段，在程序执行期间即使输入状态变化，输入映像寄存器的内容也不会改变，输入状态的变化只在下一个工作周期的输入采样阶段才被重新采样到。

（2）程序执行阶段。在程序执行阶段，PLC 是按顺序对程序进行扫描执行的，如果程序用梯形图表示，则总是按先上后下、先左后右的顺序进行。若遇到程序跳转指令时，则根据跳转条件是否满足来决定程序的跳转地址。

（3）输出刷新阶段。当所有指令执行完后，进入输出刷新阶段。此时，PLC 将输出映像寄存器中所有与输出有关的输出继电器的状态转存到输出锁存器中，并通过一定的方式输出，驱动外部负载。

三、PLC 的运行方式

PLC 的运行方式有如下两种：

（1）工作模式。当处于运行工作模式时，PLC 要进行从内部处理、通信服务、输入处理、程序处理、输出处理，然后按上述过程循环扫描工作。在运行模式下，PLC 通过反复执行控制要求的用户程序来实现控制功能，直至 PLC 停机或切换到 stop 工作模式。

（2）停止模式。当处于停止工作模式时，PLC 只进行内部处理和通信服务等内容。

第三节　PLC 电气控制系统应用设计

PLC 既可用于老电气设备的技术改造，又可用于新产品的开发。因此，PLC 系统的设计与应用已成为必须掌握的一门专业技术。

一、PLC 的编程语言

IEC 1131 - 3 标准中定义了五种 PLC 编程语言的表达方式：梯形图 LAD（ladder diagram）、语句表 STL（statement list）、功能块图 FBD（function block diagram）、结构文本 ST（structured text）、顺序功能图 SFC（sequential function chart）。其中，梯形图采用类似传统继电器控制线路的符号来编程，用梯形图编制的程序具有形象、直观、实用的特点，因此这种编程语言成为电气工程人员应用最广泛的 PLC 编程语言。

（一）梯形图编程的特点

PLC 的梯形图是在传统的继电器接触器控制线路图的基础上演变而来的，在形式上十分相似，也大致沿用了继电器—接触器控制的电路元件符号。如图 2 - 5 所示是一个继电器控制电路图与相应梯形图的比较示例。

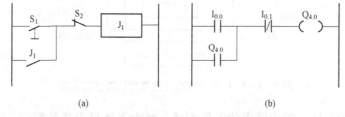

图 2 - 5　继电器控制电路图与梯形图比较

(a) 继电器控制电路图；(b) 梯形图

可以看出，梯形图是与电气控制电路图相呼应的图形语言，它沿用了继电器、触点、串并联等术语和类似的图形符号，并简化了符号，面向对象的、实用的、图形化的编程语言，梯形图信号流向清楚、简单、易懂，很适合电气工程人员使用，所以说梯形图编程语言是可编程序控制器的主要编程语言。

梯形图是用图形符号连接而成，这些符号与继电器控制电路图中的触点、继电器线圈、并联连接、串联连接等是相对应的，每个触点和线圈对应有一个编号。但是，梯形图使用的继电器是由软件实现的，使用和修改灵活方便；而继电器控制线路采用硬接线，修改比较麻烦。为了更好地理解和设计梯形图，需要掌握以下两个基本概念。

1. 软继电器

PLC 梯形图的设计主要是利用软继电器"线圈"的"吸放"功能以及触点的"通断"功能来进行的。实际上 PLC 内部并没有真正的继电器。对软继电器的线圈编号只能有一个，而对它的接点状态可无数次读出，既可动合，又可动断。

2. 能流

在梯形图中，并没有真实的电流流动。为了便于分析 PLC 扫描周期原理和信息存储空间分布的规律，假想在梯形图中有"电流"流动，这就是"能流"。

（二）PLC 的指令系统

程序指令按功能可分为基本指令、顺序控制指令和功能指令三大类。由基本指令组成的程序梯形图类似继电器控制系统的电气原理图，熟悉电气控制电路的人员比较容易理解和掌握，下面以 S7 - 200PLC 为例介绍几种基本指令及其应用。

1. 逻辑取及线圈驱动指令 LD、LDN、＝

LD：装载指令，相当于动合触点。

LDN：装载指令，相当于动断触点。

＝：置位指令，相当于线圈输出。

基本操作指令如图 2 - 6 所示。

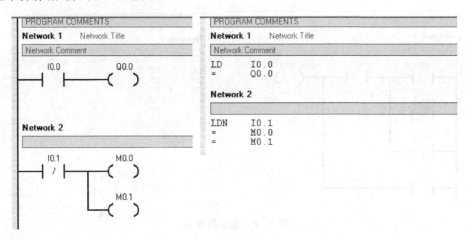

图 2 - 6　基本指令 1

I0.0 闭合时，Q0.0 闭合输出。

I0.1 断开时，中间继电器 M0.0 和 M0.1 同时断开。

2. 触点串联指令 A、AN

A：与操作指令，用于动合触点的串联。

AN：与操作指令，用于动断触点的串联。

基本操作指令如图 2 - 7 所示。

I0.0 和 M0.0 同时闭合，Q0.0 才闭合输出。

动断触点 I0.2 闭合状态下，且 M0.1 闭合时，M0.3 闭合输出；进一步，当 T5 时间继电器触点闭合时，Q0.3 闭合输出；更进一步，当动断触点 M0.4 闭合时，Q0.1 闭合输出。

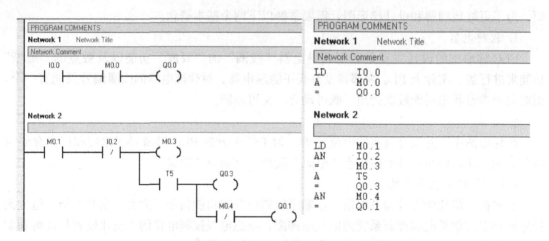

图 2-7　基本指令 2

3. 触点并联指令 O、ON

O：与操作指令，用于动合触点的并联。

ON：与操作指令，用于动断触点的并联。

基本操作指令如图 2-8 所示。

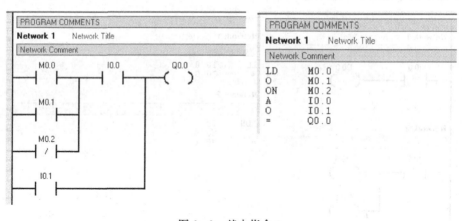

图 2-8　基本指令 3

当 M0.0 闭合，或者 M0.1 闭合，或者动断触点 M0.2 保持闭合时，同时 I0.0 也闭合时，Q0.0 将闭合输出；或者 I0.1 闭合，Q0.0 也将闭合输出。

4. 串联电路块的并联指令 OLD

（1）几个串联支路并联，支路起点用 LD、LDN，支路终点用 OLD 指令。

（2）多个串联支路并联，从第二支路开始，每个支路后加 OLD 指令。

基本操作指令如图 2-9 所示。

5. 串联电路块的串联指令 ALD

（1）并联支路块与前面电路串联，用 ALD 指令。分支的起点用 LD、LDN 指令，并联电路块结束后，用 ALD 指令与前面电路串联。

（2）多个并联支路串联，顺次用 ALD 指令与前面电路串联。

基本操作指令如图 2-10 所示。

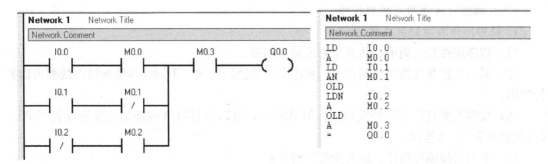

图 2-9 基本指令 4

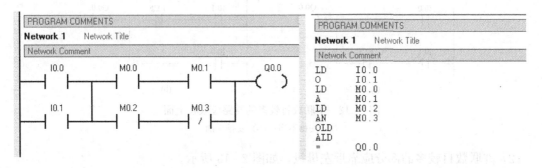

图 2-10 基本指令 5

6. 定时器指令

主要有通电延时定时器 TON，断电延时定时器 TOF，相当于继电器接触器控制系统中的时间继电器。从 IN 起动，设定值从 PT 端给定。

基本操作指令如图 2-11 所示。

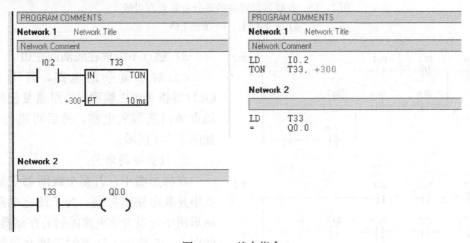

图 2-11 基本指令 6

I0.2 闭合，时间继电器起动，经过 3s，Q0.0 闭合输出。

S7-200PLC 有非常丰富的指令系统，其功能不亚于单板计算机，用到时可以查 S7-200PLC 编程手册。

（三）编程注意事项及编程技巧

1. 梯形图语言中的语法规定

（1）程序应按自上而下、从左至右的顺序编写。

（2）同一操作数的输出线圈在一个程序中不能使用两次，不同操作数的输出线圈可以并行输出。

（3）线圈不能直接与左母线相连。如果需要，可以通过特殊内部标志位存储器 SM0.0（该位始终为 1）来连接。

（4）适当安排编程顺序，以减少程序的步数。

1）串联数目较多的支路应尽量放在上部，如图 2-12 所示。

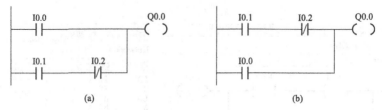

图 2-12　串联数目较多的支路应放在上面

(a) 安排不当；(b) 安排正确

2）并联数目较多的部分应靠近左母线，如图 2-13 所示。

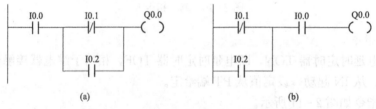

图 2-13　并联数目较多的部分应靠近左母线

(a) 安排不当；(b) 安排正确

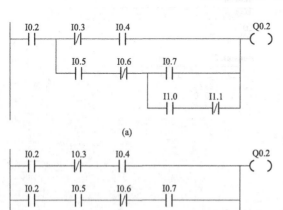

图 2-14　复杂电路编程技巧

(a) 未重复使用触点；(b) 重复使用触点

3）触点不能放在线圈的左边。

4）对于复杂的电路，若用 ALD、OLD 等指令难以编程时，可重复使用一些触点画出其等效电路，然后再进行编程，如图 2-14 所示。

2. 设置中间单元

在梯形图中，若多个线圈都受某一触点串并联电路的控制，为了简化电路，在梯形图中可设置该电路控制的存储器的位，如图 2-15 所示，这类似于继电器控制系统中的中间继电器。

3. 可编程序控制器中输入和输出信号的数量

由于可编程序控制器的价格与 I/O 点

数有关，因此减少 I/O 点数是降低硬件费用的主要措施。减少
PLC 输出点数的方法有以下几种情况：

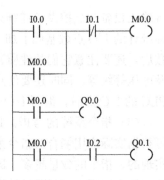

图 2 - 15　设置中间单元

（1）如果几个输入器件触点的串并联电路总是作为一个整
体出现，那么可以将它们作为可编程序控制器的一个输入信号，
只占可编程序控制器的一个输入点。

（2）在 PLC 的输出功率允许的条件下，通断状态完全相同
的多个负载并联后，可以共用一个输出点，通过外部的或 PLC
控制的转换开关的切换，一个输出点可以控制两个或多个不同
时工作的负载。与外部元件的触点配合，可以用一个输出点控
制两个或多个不同要求的负载。用一个输出点控制指示灯常亮
或闪烁，可以显示两种不同的信息。

（3）在需要用指示灯显示 PLC 驱动的负载（如接触器线圈）状态时，可以将指示灯与
负载并联，并联时指示灯与负载的额定电压应相同，总电流不应超过允许值。可选用电流
小、工作可靠的 LED（发光二极管）指示灯。可以用接触器的辅助触点来实现 PLC 外部的
硬件联锁。

（4）系统中某些相对独立或比较简单的部分可以不进 PLC，直接用继电器电路来控制，
这样也就减少了所需的 PLC 的 I/O 点。

（5）如果直接用数字量输出点来控制多位 LED 七段显示器，所需的输出点是很多的。
如果需要显示和输入的数据较多，可以考虑使用 TD200 文本显示器或其他操作面板。

二、PLC 控制系统设计的一般步骤

任何一种电气控制系统都是为了实现被控对象的工艺要求，因此在设计 PLC 控制系统
时，也要遵循相应的设计步骤。

1. 熟悉控制对象，选择适合的 PLC 机型

这一步是系统设计的基础。首先，应详细了解被控对象的全部功能和它对控制系统的要
求。其次，要选择输入设备（按钮、操作开关、限位开关、传感器等）、输出设备（继电器、
接触器、信号指示灯等执行元件，）以及由输出设备驱动的控制对象（电动机、电磁阀等）。
在此基础上，确定哪些信号需要输入给 PLC，哪些负载由 PLC 驱动，并分类统计出各输入
量和输出量的性质，是开关量还是模拟量，是直流量还是交流量，以及电压的大小等级，为
PLC 的选型和硬件设计提供依据。

目前，国内外 PLC 生产厂家生产的 PLC 品种已达数百个，其性能各有特点，价格也不
尽相同。要选择最适宜的 PLC 机型，应考虑以下因素。

（1）PLC 功能的选择。CPU 的能力是 PLC 最重要的性能指标，在选择机型时，首先要
考虑如何配置 CPU，主要从处理器的个数及位数、存储器的容量及可扩展性以及编程元件
的能力等方面考虑。还要注意特殊功能模块的使用，提高 PLC 的控制能力，如 I/O 扩展模
块、模拟量的 I/O 模块、高速计数模块、通信模块和人机界面模块等。

（2）I/O 点数的确定。PLC 控制系统 I/O 点数的多少，是 PLC 系统设计时必须确定的。
由于各 PLC 生产厂家在产品手册上给出的最大 I/O 点数所表示的确切含义有一些差异，有
的表示 I/O 的点数之和，有的则分别表示最大输入点数和最大输出点数。因此，要根据实
际控制系统所需要的 I/O 点数，在充分考虑余量的基础上配置 I/O 点。根据控制要求，将

各输入设备和被控设备详细列表，准确地统计出被控设备对 I/O 点数的需求量，然后在实际统计的 I/O 点数基础上加 15%～20% 的备用量，以便今后调整和扩充。在确定好 I/O 点数后，还要注意它们的性质、类型和参数。例如，是开关量还是模拟量、是交流还是直流以及电压等级等，同时还要注意输出端的负载特点，依此选择和配置相应的机型和模块。分配 PLC 的 I/O 点后，编写 I/O 分配表或画出 I/O 端子接线图。

（3）指令系统的考虑。PLC 的种类很多，因此其指令系统也是不完全相同的。因此，可根据实际应用场合对指令系统提出的要求选择 PLC。PLC 的控制功能是通过执行指令来实现的，指令的数量越多，PLC 的功能就越强。另外，应用软件的程序结构以及 PLC 生产厂家为方便用户利用通过计算机（IBM - PC 及其兼容机）编程及模拟调试而开发的专用软件的能力也是应该考虑的问题。

（4）内存的估算。用户程序所需的内存容量主要与系统的 I/O 点数、控制要求、程序结构长短等因素有关。一般估算方法是：存储容量＝开关量输入点数×10＋开关量输出点数×8＋模拟通道数×100＋定时器/计数器数量×2＋通信接口个数×300＋备用量。

（5）响应速度的考虑。对于以数字量为主的 PLC 控制系统，PLC 的响应速度都可以满足要求，不必过多考虑。而对于含有模拟量的 PLC 控制系统，特别是含有较多闭环控制的系统，必须考虑 PLC 的响应速度。

总之，正确选择 PLC 对于保证整个控制系统的技术与经济性能起着重要的作用。根据被控对象的要求及 PLC I/O 量的类型和点数，确定 PLC 的型号和硬件配置。

2. 确定硬件配置，设计外部接线图

PLC 硬件配置确定后，应对 I/O 点进行分配，确定外部 I/O 元件与 PLC 的 I/O 点连接关系，完成 I/O 点地址定义表。在 I/O 设备表中，应包含 I/O 地址、设备代号、设备名称及控制功能，尽量将相同类型的信号、相同电压等级的信号地址安排在一起，以便施工和布线，并依此绘制出 I/O 接线图。对于控制规模比较大的系统，为便于软件设计，可根据工艺流程将所需要的定时器、计数器及内部辅助继电器、变量寄存器也进行相应的地址分配。

分配好与各 I/O 量相对应的元件后，设计出 PLC 的外部接线图、其他部分的电路原理图、接线图，以便进行硬件装配。

3. 设计控制程序

编制程序就是通过编程器用编程语言来实现控制框图对应的程序，这是整个程序设计的核心部分。编写过程中要及时对编制程序进行注释，以免忘记其间的相互关系。

4. 程序调试

控制程序是控制整个系统工作的软件，因此必须经过反复调试、修改，直到满足要求为止。程序的调试分两步：

（1）模拟调试。输入信号用钮子开关和按钮开关来模拟，各输出量的通断状态用发光二极管来显示，一般不用接 PLC 实际的负载。

（2）现场调试。现场调试要等到系统其他硬件安装和接线工作完成后，将 PLC 安装到控制现场，进行联机总调试，并及时解决调试时发现的软件和硬件方面的问题。

三、PLC 在继电器控制系统改造中的应用举例

在实际工程中，经常遇到对继电器—接触器控制系统进行 PLC 改造的项目。PLC 的梯形图语言程序与继电器电路的电气原理图极为相似，如果用 PLC 改造继电器控制系统，根据继电器控制电路图来设计梯形图程序是一条捷径。本节以交流电机正反转的继电器—接触器控制系统为例，介绍 PLC 对继电器—接触器控制电路进行改造的方法。

根据 PLC 控制系统的一般设计步骤，交流电机正反转的 PLC 控制系统设计如下：

（1）确定 PLC 的 I/O 端子信号，设计外部接线图。

鉴于电机正反转控制过程简单，PLC 型号选用西门子 S7 - 200 系列中的 CPU224，其中 AC/DC/Relay 分别表示交流供电/直流输入/继电器输出。根据任务要求，输入端子是 4 个开关量信号，包括正转、反转和停止 3 个按钮和 1 个热继电器触点，输出端子直接驱动 2 个交流接触器线圈和 2 个信号指示灯，如图 2 - 16 所示。

（2）将控制电路图转换为功能相同的 PLC 梯形图，并完成程序调试。

三相异步电动机正反转控制的 PLC 程序如图 2 - 17 所示。

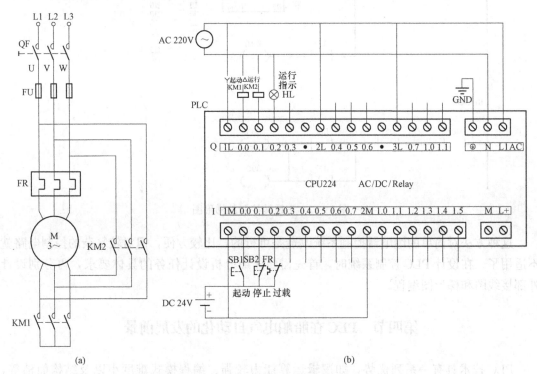

图 2 - 16　三相异步电动机的正反转 PLC 控制系统主电路及 I/O 分配

（a）主电路；（b）I/O 分配

调试成功后，利用编程器将用户程序输入 PLC 的存储器，还可以用编程器检查程序，监视 PLC 的工作状态。主要步骤如下：

1）熟悉现有的继电器控制电路。

2）对照 PLC 的 I/O 端子接线图，将继电器控制电路上的被控器件（如接触器线圈、指示灯、电磁阀等）换成接线图上对应的输出点的编号，将电路上的输入装置（如传感器、按钮、行程开关等）触点都换成对应的输入点的编号。

3）将继电器控制电路中的中间继电器、定时器，用 PLC 的辅助继电器、定时器来代替。

4）画出全部梯形图，并予以简化和修改。

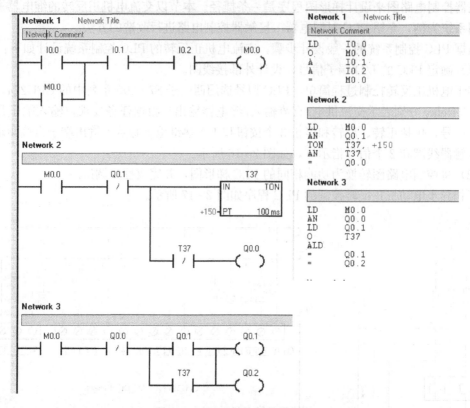

图 2-17 正反转控制的梯形图

这种方法对简单的继电器控制系统改造是可行的，比较方便，但对较复杂的控制电路就不适用了。在设计 PLC 控制系统时，首先需要详细分析设计任务的具体要求，再分别设计外部接线图和梯形图编程。

第四节　PLC 在船舶电气自动化的发展前景

PLC 技术具有一系列优势，如逻辑运算能力较强、编程模式难度小以及结构简洁等，被广泛应用于工业领域，也应用到船舶自动化中。目前，PLC 在电站自动化控制、起货机变速控制、变频恒压供水、锅炉控制等有所应用，未来发展前景较好。

一、变频恒压供水系统

在我国现行的船舶供水系统中，绝大部分采用泵和压力水柜相结合的形式。在这种供水方式中水泵进行起停动作和工频运转，而且泵的容量普遍高于终端需求量，实际工况的不匹配往往使得泵的运行偏离高效工作区，造成能源浪费的同时降低了泵的工作寿命。由于变频调速技术的日益成熟以及其显著的节能效果和可靠稳定的控制方式，在供水系统中得到广泛应用。

以管网水压为设定参数，通过控制变频器（PID）的输出频率自动调节水泵电动机的转速，实现管网水压的闭环调节，使供水系统的出口水压自动稳定在设定的压力值，如图 2-18 所示。

对于多泵恒压供水系统，如果变频水泵达到了额定转速，经过一定时间的判断后，如果

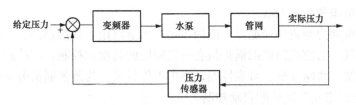

图 2-18 变频恒压供水控制原理图

管网压力仍低于设定压力,则控制系统会将该水泵切换至工频运行,并变频起动下一台水泵,直至管网压力达到设定压力;如果系统用水量减少,则系统会指令水泵减速运行,当降低到水泵的有效转速后,则正在运行中的水泵中最先起动的水泵停止运行,即减少水泵的运行台数,直至管网压力恒定在设定压力范围内。PLC 控制器控制在网水泵数量,并自动对多个水泵进行工频/变频控制转换和轮值切换控制,使管网压力稳定在设定值。变频恒压供水系统是目前最先进和合理的节能供水系统,已在某些海警船、军舰中得到应用。

二、机舱报警电气监测系统

船舶机舱中有很多重要的设备,包括主机、发电机等,这些设备的运行状态的监测十分重要。机舱报警监测系统一般包括报警点采集、报警点处理及处理输出等环节,其原理如图 2-19 所示。

在处理报警的过程中,根据机舱报警信号的特点,还需要对报警点进行设置,首先就是报警点延时处理,船舶航行时是晃动的,因此对于液位报警点需要延时处理。

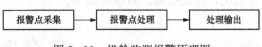

图 2-19 机舱监测报警原理图

机舱监测报警的 PLC 电路如图 2-20 所示,在 PLC 的 I/O 点的配置上主要有各个报警点输入,同时还需要配置消音按钮输入、报警指示灯及蜂鸣器控制输出。

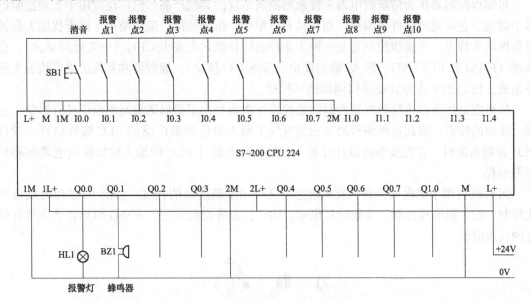

图 2-20 机舱报警 PLC 控制电路图

三、锅炉液位电气控制系统

在采用内燃机动力装置的船舶上，锅炉主要产生蒸汽用于加热燃油、主机暖缸、驱动辅助机械及生活用气。目前我国船舶锅炉虽有一定程度的自动化控制，但控制系统基本采用继电器—接触器系统，线路复杂，可靠性差，维护工作量大。为改善船员劳动强度，提高生产效率，可采用 PLC 来实现锅炉的自动控制。

以锅炉液位控制为例，采用水位计对水位进行检测，根据控制需要将水位的开关量信号接入 PLC，经 PLC 控制水泵电动机，实现恒压供水、低水位联锁、报警等，使系统全自动平稳运行。

供水系统通过 PLC 判断水位是否在上限与下限范围内，若在此范围内接通变频器控制水泵进入恒压供水状态，并不断检测锅炉水位。当水位到达上限，则水泵变频运行停止，并继续检测水位，直至低于水位上限，变频器重新起动去控制另一台水泵进行运行，以使水泵交替使用。如果运行过程中检测水位低于水位下限，则水泵变频运行停止，转换水泵进入工频运行。如果水泵工频运行水位仍继续下降并低于报警水位，PLC 报警并控制锅炉停鼓风，直至高于水位报警水位时，可解除鼓风机停机指令，恢复正常工作，从而完成供水联锁控制。

值得注意的是，运用船舶中的 PLC 对其环境适应性有较高要求，需要能够适应恶劣的海洋状况，比如抗震、防潮功能等。

本 章 小 结

本章主要介绍了可编程控制器的特点、结构组成及控制系统设计方法，并以正反转控制电路为例，介绍了继电器—接触器控制电路改造为 PLC 控制电路的方法。

可编程控制器作为传统继电器—接触器控制系统的替代产品，已广泛应用于工业控制的各个领域。它可通过软件来编程，而且具有体积小、组装灵活、编程简单、抗干扰能力强及可靠性高等特点。可编程控制器是一种工业控制计算机，主要由 CPU（中央处理单元）、存储器（RAM 和 EPROM）、输入/输出模块（简称 I/O 模块）、编程器和其他扩展模块五大部分组成。PLC 的工作方式是采用周期循环扫描。

梯形图采用类似传统继电器控制线路的符号来编程，用梯形图编制的程序具有形象、直观、实用的特点，因此这种编程语言成为电气工程人员应用最广泛的 PLC 编程语言。设计 PLC 控制系统时，首先要明确设计任务，在此基础上设计 PLC 的输入输出接口电路图和梯形图编程。

PLC 既可用于老电气设备的技术改造，又可用于新产品的开发。目前 PLC 在电站自动化控制、起货机变速控制、变频恒压供水、锅炉控制等得到应用，未来在船舶自动化具有较好的应用前景。

习 题

2-1　PLC 具有很高的可靠性和抗干扰能力的原因是什么？

2-2　PLC 的顺序扫描可分为哪几个阶段执行？

2-3　PLC 有哪些内部资源？

2-4　PLC 在驱动电感性负载时应采取什么措施？

2-5　比较 PLC 微机与传统微机的区别。

2-6　按下按钮 X0 后，Y0 接通并保持，15s 后 Y0 自动断开，试设计其梯形图程序。

2-7　设计驱动两台水泵的 PLC 变频恒压供水系统的电气原理图及梯形图程序。

2-8　设计锅炉三水位控制系统的 PLC 电气原理图及梯形图程序。

第三章 基于计算机的伺服控制技术

在自动控制系统中，把输出量能够以一定准确度跟随输入量的变化而变化的系统称为随动系统，又称伺服系统。伺服系统用于解决各种复杂的定位控制及目标跟踪控制问题，广泛用于机械制造、船舶和飞机运输、工业及军事领域等。伺服控制系统在船舶机械控制中也有广泛应用，例如调距桨控制、减摇鳍控制、转舵控制及船用稳定平台等。

伺服控制系统中所采用的控制器件有很多种，例如航向角、舵角和鳍角的信号用自整角机来做远距离同步传递；用旋转变压器将各种转角信号转换为电信号；用两相异步电动机作为自控系统的伺服执行元件等。本章将介绍伺服控制系统的基本组成、船舶辅机中常用的几种自控元件，并以舵机随动操舵系统为例，介绍伺服控制技术的具体应用。

第一节 基本组成及分类

一、基本结构形式

随动系统是由若干元件和部件组成并具有功率放大作用的一种自动控制系统，它的输出量总是相当精确地跟随输入量的变化而变化。随动系统的基本职能是对信号进行功率放大，保证有足够能量推动负载（被控对象）按输入信号的规律运动（即输出），并使输入与输出的偏差不超过允许的误差范围。

随动系统有开环和闭环两类。开环系统直接将输入信号经过功率放大送到执行装置中。闭环控制系统具有反馈环节，依靠反馈来校正执行误差，按误差控制的闭环随动控制系统的基本结构形式可用图 3-1 来表示。

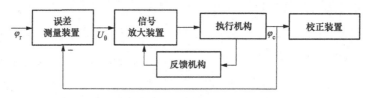

图 3-1　随动系统的基本结构框图

从图 3-1 可以看出，整个系统由误差测量装置、信号放大装置、执行机构、校正装置等部分组成。误差测量装置又称比较元件，它的作用是将系统的输入与输出之间的差值 θ 随时测量出来，并将误差信号 θ 转换成电信号 U_θ 送入信号放大装置。信号放大装置将误差电压进行必要的变换与功率放大后，驱动执行元件，使执行元件通过减速器（若执行元件用力矩电动机，而且力矩足够大时，则可省去减速器）拖动被控对象，按照输入信号的规律运动。

检测元件将执行部件的位移、转角、速度等量转变成电信号，反馈到系统的输入端并与指令进行比较，得出误差信号的大小，然后按照减小误差的方向控制驱动电路，直到误差减小到零。

　　执行元件其职能是直接推动被控对象，使其被控量发生变化如用来作为执行元件的电动机，液压电动机等。伺服系统的总体形式一般有大型伺服系统中常采用液压伺服电动机；中小型，则多采用交、直流伺服电机。一般直流伺服系统选用永磁直流伺服电机；动作快速、功率较大的选用无槽电枢直流伺服电动机；需要快速动作的选用空心杯电枢直流伺服电动机；低速运行和起动、正反转频繁的系统则选用印制绕组直流伺服电动机。

二、随动系统的分类

1. 按系统控制方式分类

　　误差控制系统：该系统的特点是系统运动的快慢取决于误差信号的大小。当系统的误差信号为零时（系统输出量与输入量完全相等），系统便处于静止。

　　复合控制系统：该系统是按输入信号微分和系统误差综合控制的系统。它的特点是系统的运动取决于输入信号的变化率（包括输入速度和加速度）和系统误差信号的综合作用。

2. 按组成系统元件的物理性质分类

　　机—电随动系统：组成该系统的元件除机械部件外，均是电磁或电子元件。由于执行元件有交流伺服电机与直流伺服电机之分，又将电气随动系统分为直流随动系统和交流随动系统。小功率随动系统多采用机—电随动系统。

　　机—电—液压随动系统：该系统的误差测量装置与前级放大部分是电气的，而系统的功率放大与执行元件则是液压的，船舶设备的控制系统往往功率较大，电液随动系统应用较为广泛。

　　机—电—气动随动系统：

系统的误差测量与前级放大部分是电气的，而执行元件是气动的。

3. 按系统信号特点分类

　　连续随动系统：系统中传递的电信号是连续的，而不是离散的。

　　数字随动系统：该系统中传递的电信号有离散的脉冲数字信号。数字信号还要变成模拟信号去驱动执行元件。所以，这种系统必须有模数（A/D）、数模（D/A）转换器。系统的运动是靠数字量来控制的。

　　脉冲—相位随动系统：该系统又称锁相随动系统。这种系统的特点是输入信号为指令方波脉冲，输出也转换成方波脉冲，按输入与输出方波脉冲之相位差来控制系统的运动。

4. 按系统部件输入—输出特性的不同分类

　　线性随动系统：该系统各部件的输入—输出特性在正常工作范围内均是线性关系。

　　非线性随动系统：该系统中含有输入—输出特性是非线性的，不可能存在那种理想的线性系统。因为组成系统的某些元部件总是存在较小的不灵敏区，并有饱和界限。但是，只要不灵敏区处在系统允许误差范围内，而且系统正常工作时没有进入饱和界限，则该系统是线性系统。只有系统在正常工作时，其元部件的输入-输出特性存在非线性关系时，才称该系统为非线性系统。

第二节　常用自控元件

　　反馈环节在闭环伺服控制系统中起着十分重要的作用。在自动控制装置中，航向角、舵角等信号用自整角机来作远距离同步传递；用旋转变压器将各种转角信号转换为电信号；用两相异步电动机作为自控系统的伺服执行元件；用测速发电机将转速信号转换为电信号；用液压油缸作为装置的执行机构，用电液伺服阀进行电、液信号的转换，用双向液控锁进行液压管路的控制等。这些微型电机用于控制系统中又称为自控元件，下面介绍几种伺服系统中常用的自控元件。

一、自整角机

在航向控制系统中，航向反馈一般由电罗经发送与接收机构组成，主要元件是自整角机。自整角机是一种感应式自同步微型电机，用于显示装置和随动系统中，使机械上互不相连的两根转轴能够保持相同的转角变化或同步旋转。

自整角机按其功用的不同，可分为力矩式自整角机和控制式自整角机。力矩式自整角机广泛应用于同步指示系统，属于开环控制，只能在接收机上带很轻的负载（如指针、度盘），传输精度不高。如船舶上的分罗经将罗经指示的航向角传递到其他部位。控制式自整角机主要应用于由伺服机构组成的随动系统中，其接收机转轴不直接带负载，当发送机和接收机转子之间存在角度差时，接收机输出与转角差呈正弦函数关系的电压信号，该信号经伺服放大器进行信号放大，经过伺服电动机驱动负载，同时带动接收机向减小失调角的方向转动，直到失调角为零时，伺服电动机才停止转动。适用于负载较大及精度要求较高的随动系统中。

自整角机的结构形式可分为接触式和无接触式两种，这里着重分析接触式自整角机的结构及传递角度的工作原理。自整角机的结构一般由激磁系统和电枢系统组成。激磁绕组为单相集中绕组，安装在磁极铁芯上，其绕组接单相交流电源。电枢绕组为三相分布绕组，均匀地布置在电枢铁芯的槽内，绕组接成星形。

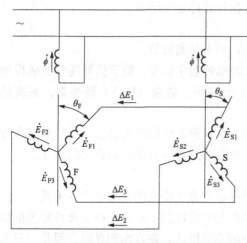

图 3-2　自整角机原理

当激磁绕组通电时，两电机的铁芯中均产生一个脉振磁场。脉振磁场在三组绕组中分别感应出变压器电势。这三个电势在时间上同相，其幅值则取决于各相绕组轴线与脉振磁场轴线的相对位置，如图 3-2 所示。显然，当发信器 F 和收信器 S 的转子位置一致时，则两电机对应相中感应出的电势大小相等，在各相回路中方向相反，于是各相回路中均无电流流过，因而不产生电磁转矩，两转子都不会转动，且停在相互对应的位置上。

若发信器的转子对应于激磁组的位置不一致时，两电机各对应相的感应电势不等，各相回路中出现电势差，从而产生电流。这些电流和脉振磁场相互作用，便在转子上产生电磁转矩，迫使两转子转动。但是，通常在发信器发信完毕后，便用机械方式将它卡住，不能转动，故只有收信器的转子转到与发信器转子相同位置上时，三相绕组的各相回路中电势差的第一绕组又回复为零，没有电流流过，不产生电磁转矩，收信器的转子才停转，从而达到同步传递角度的目的。控制式自整角机把失调角转换为正弦关系的电压输出，经电压放大器后送到交流伺服电动机的控制绕组中，使伺服电机转动，再经齿轮减速后带动机械负载转动，直到消除失调角。

二、旋转变压器

伺服控制系统中的控制量若是位置，则称为位置随动系统。常用的位置检测传感器有旋转变压器、感应同步器、光电编码器、光栅尺、磁尺等。如被测量为直线位移，则应选直线位移传感器，如光栅尺、磁尺、直线感应同步器等。如被测量为角位移，则应选取圆形的角位移传感器，如光电编码器、圆感应同步器、旋转变压器、码盘等。

　　旋转变压器是测量旋转物体的转轴角度和角速度的小型交流电动机，其结构示意图如图3-3所示。定子和转子的铁芯均由硅钢片叠成，在定子内圆和转子外圆上冲有槽，各铁芯槽内分别嵌有两个在空间相差90°电角度的绕组。定子铁芯上的两个绕组，其匝数、导线截面和接线方法相同，其中之一称为主绕组，以S表示；另一个称为副绕组，用K表示。转子上的两个绕组，其匝数、导线截面和接线方法也是相同的，其中一个称为正弦绕组，以A表示，另一个称为余弦绕组，以B表示。旋转变压器的表示符号如图3-4所示。通常将A绕组轴线与K绕组轴线之间的夹角α算作位移角，令$\alpha=0$时作为起始位置。

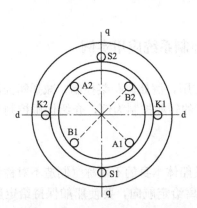

图3-3　旋转变压器结构示意图

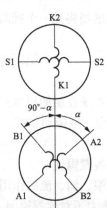

图3-4　旋转变压器的表示符号

　　旋转变压器又称回转变压器，它与普通变压器的区别在于绕组可以相对于原绕组转动，即两绕组间的轴线可具有不同的角度α。在自动控制系统中，通常用它把角度信号转换为电信号。根据角α与电压U的不同函数关系，可以得出不同名称的旋转变压器。当函数关系为$U=\sin\alpha$时，称为正弦旋转变压器；函数关系为$U=\cos\alpha$时，称为余弦旋转变压器；函数关系为$U=\alpha$时，则称为线性旋转变压器。不论是何种旋转变压器，其结构都一样，只是连线方法各有不同。

三、两相异步电动机

　　两相异步电动机在自动控制系统中通常用作执行电动机，利用它将电信号转变为转角或角速度信号。在没有电信号输入时，电动机的转子是静止不动的，没有转角或角速度信号输出。输入电信号后，电动机立即转动起来，输出转角或角速度信号。电信号消失后，电动机能立即停止转动。如果输入的电信号反相时，电动机反向转动。

　　两相异步电动机由定子和转子两大部分组成，如图3-5所示。在定子铁芯上装有两套电参数相同、但在空间上互差90°电角度的绕组B和K。B绕组接幅值和频率恒定的交流电源$\dot{U}_B$，产生激磁磁场，故B绕组称为激磁绕组。K绕组接到频率和$\dot{U}_B$相同的交流电压$\dot{U}_K$上，$\dot{U}_K$的幅值以及它和$\dot{U}_B$之间的相位差可以调整，以控制电动机的转速和转向，故K绕组称为控制绕组，电压$\dot{U}_K$称为控制电压。

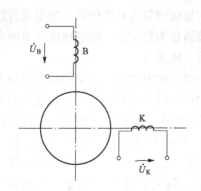

图 3-5　两相异步电动机的结构示意图

两相异步电动机的转动原理是建立在旋转磁场的基础上的。在空间互差 90°电角度的两相绕组 B 和 K 分别加上交变的激磁电压 $\dot{U}_B$ 和控制电压 $\dot{U}_K$ 后，如果这两个绕组中的交变电流在时间上存在相位差的话，那么，虽然这两个电流产生的磁场是脉振磁场，但其合成的中磁场却是一个旋转磁场。如果 B 绕组中的激磁电流 I_B 和 K 绕组中的控制电流 I_K 的幅值相等，且在时间上相差 90°，则该合成磁场是个圆形旋转磁场，即和普通的三相电机的旋转一样。如果两电流的幅值相等，但时间上相差不是 90°，或者时间相差 90°而幅值不等时，合成磁场将是一个椭圆形旋转磁场。

第三节　船舶伺服控制系统应用实例

伺服控制系统在船舶机械控制中也有广泛应用，例如调距桨控制、减摇鳍控制、转舵控制等都多采用电 - 液随动系统。下面以舵机装置的转舵控制为例，介绍伺服控制系统的具体应用。

一、舵机装置概述

由于风、浪、涌、流的作用、船舶的惯性及船体本身的不对称（制造不对称和载重不对称）、螺旋桨推力不对称等原因，使船舶随时偏离给定航向，要使船舶保持给定航向就必须经常操舵以纠正偏航。

舵机是用以产生转舵力矩而使舵偏转的机械，是自动舵的执行机构，它带动舵叶转动从而使船舶改变航向或保持航向，从而实现船舶的航向控制。根据操舵能源的不同，舵机可分为人力舵机、气动舵机、电动舵机和电液舵机等。20 世纪 70 年代以后大多数船舶均采用电液舵机，主要由电动机、油泵、管路等机械组成，它具有体积小、质量轻、转矩大、传动平稳等优点。操舵系统的原理是通过调整控制轮给出控制舵角指令，电控单元和液压操作系统驱动液压马达转动舵叶达到控制角度。

操舵装置目前有简单操舵、随动操舵、自动操舵和航迹控制。

（1）简单操舵：靠人的经验，经常操纵舵轮或手柄，控制舵机左右偏舵来保持或改变航向。手柄操舵的冲舵角较大，操舵准确性受操舵人员的经验影响。这种操舵方式仅适用于内河小型船舶操舵以及大中型船舶的应急操舵。

（2）随动操舵：操舵人员只要给出一个舵角信号，舵机就能把舵转到给定舵角而自动停下来。它依靠人不断地给出操舵信号来使舵机左右转动，从而使船舶保持在给定航向上航行。实际上，这是一个舵角随动系统。

（3）自动舵：是用电罗经代替人发出偏航信号，只要一次给定航向，再不需要人工经常转动舵轮就能使船舶自动保持在给定航向上航行。它是一个航向随动系统。自动操舵仪通过将电罗经（或复示磁罗经）不断传送来的船舶实际航向与给定航向比较，计算相应的指令舵角，再和舵角反馈机构给出的实际舵角比较，计算出控制信号控制舵机转舵，使船舶自动保持在给定的航向上航行。

（4）航迹控制：控制船舶自动沿某一计划航线运动，使船舶的航迹与计划航线保持一致。航迹控制也叫航迹跟踪。

二、随动操舵控制系统

随动操舵系统是舵机操舵控制系统中的主要形式。随动控制方式中手动位置与舵叶角度自动同步，只要把操舵首轮转到所需的角度位置上就可使舵叶自动停在指令角度上。随动操舵系统框图如图3-6所示。

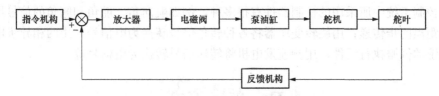

图3-6　随动操舵系统组成框图

随动操舵时，指令机构即手轮转动发出控制指令，输出给定舵角电信号，作用于放大器、驱动电液（磁）换向阀动作，由电液（磁）换向阀控制变量泵斜盘偏转，进而改变舵叶转角。与舵柄连在一起的反馈机构随之转动发出舵角反馈信号，当操舵信号和舵角负反馈信号大小相等时，舵停止在给定的舵角位置。随动操舵是一个闭环的随动系统，能根据偏差自动调节。为了减小S形航迹的幅度，船舶在返回正航向过程中，必须操回舵。

图3-6说明了自动舵系统为了完成自动保持航向和自动改变航向的任务所必须具备的基本结构。图中的每个方块并不指明具体元件是什么，但却指明了自动舵系统必须具有完成这些任务的环节。因此这一方框图反映了自动舵的共同结构，具体的自动舵系统尽管千差万别，但它们都具有这一基本结构。这个方块图可以帮助大家学习和掌握各种具体的自动舵系统。这一个具体的系统，只要找出图中各环节的组成元件，搞清各元件本身的工作原理，那么对整个系统的工作原理也就基本上掌握了。

如果把航机随动控制系统中的舵角反馈也去掉，便成了舵机简单控制系统，其结构框图如图3-7所示。

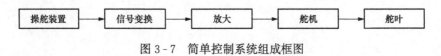

图3-7　简单控制系统组成框图

这个系统是一个开环系统，它已不再是一个自动控制系统。在这个系统中，操纵操舵装置（如舵轮或操舵手柄）给出一个转舵信号，系统就开始转舵。只要转舵信号不去掉，系统就将继续转舵。如果系统停止转舵，必须人为地操纵舵装置，把转舵信号切除才行。

由上分析可知一个自动舵系统，要实现随动控制和简单控制是很容易的。只要把航向反馈断开便成了随动控制系统，把航向反馈和舵角反馈同时断开就成了简单控制系统。

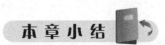

本章首先介绍了伺服控制系统的组成及工作原理，在此基础上介绍了船舶伺服系统中常用的几种自控元件，最后以舵机随动操舵控制为例，介绍伺服控制系统在船舶辅机的具体

应用。

　　伺服控制是以较弱电信号实现对执行部件运动或输出力的有效控制，在船舶机械控制中广泛应用，例如调距桨控制、转舵控制、稳定平台等。闭环伺服控制系统将系统的输入与输出之间的差值随时测量出来，并将误差信号转换成电信号送入放大装置，放大装置将误差电压进行必要的变换与功率放大后，驱动执行元件，使执行元件拖动被控对象，从而按照输入信号的规律运动。

　　伺服控制系统中所采用的控制器件有很多种，例如航向角、舵角和鳍角的信号用自整角机来做远距离同步传递；用旋转变压器将各种转角信号转换为电信号；用两相异步电动机作为自控系统的伺服执行元件；用测速发电机将转速信号转换为电信号等。

习　题

　　3-1　位置随动系统通常由哪几部分组成？
　　3-2　简单说明自整角机的工作原理。
　　3-3　按照输入输出的关系，旋转变压器分成哪几类？
　　3-4　简单描述舵机随动控制系统的工作原理。
　　3-5　说明两相异步电动机的工作原理。
　　3-6　常用的自控元件有哪些？在控制系统中的主要作用是什么？
　　3-7　画出舵机电液伺服系统的组成结构框图。

第二篇 船舶典型辅机的电力拖动控制

继电器—接触器控制系统是最简单、最基本的电气传动自动控制装置，用来完成电动机的自动起动、制动、调速、反转以及保护等控制。当前大多数船舶上的甲板机械和舱室机械主要采用这种控制系统。第四~第八章，分别以泵、空压机、冷藏装置、空调装置及海水淡化装置为例，介绍了传统继电器—接触器控制技术在船舶舱室机械电力拖动控制中的应用。第九章和第十章介绍了两种常见的甲板机械电气控制系统，甲板机械的驱动方式有电动和液压两类，其中第九章对电动锚机和液压锚机的电气控制部分都进行了讲解，第十章对电动起货机的控制选用 PLC 控制电路进行介绍。第十一章以自动舵为例，介绍了随动控制系统在船舶航向航迹控制中的具体应用。

为了增加对船舶辅机装置电气控制系统的理解，首先对辅机装置的用途、组成及工作原理等进行介绍，其次在了解电气控制系统设计任务的基础上，分析装置具体的电气控制线路，最后介绍装置的操作使用。

第四章　船舶用泵的电气控制

第一节　用途及工作特点

一、泵的种类

泵由原动机驱动给液体增加能量，使液体到达要求的高度或一定压力的目的处。船舶上使用着各种用途的泵，根据泵在船舶用途的不同，可大致将其归纳为以下几类：

（1）主动力装置用泵。对柴油机来说，一般有主海水泵、冷却水泵、滑油泵、燃油供给泵等。

（2）辅助装置用泵。主要有：柴油发电机的副海水泵和淡水泵；辅锅炉装置用的给水泵、燃油泵；制冷装置用的冷却水泵；海水淡化装置用的海水泵、冷凝水泵；舵机或其他液压甲板机械用的液压泵等。

（3）安全及生活设施用泵。主要有调节压载水的压载泵；将舱底积水排除舷外的舱底泵；供消防及甲板、锚链冲洗用水的消防泵，提供生活用水的日用淡水泵、日用海水泵（即卫生泵）和热水循环泵。

二、船用泵的用途及工作特点

船舶舱室用泵的用途及工作特点见表4-1。

表4-1　　　　　　　　　　船舶舱室用泵的用途及工作特点

序号	名称	用途	工作特点
1	冷凝水泵	使冷凝器中形成真空并抽出其中冷凝水	连续工作
2	循环水泵	将冷却水输送给冷凝器	连续工作
3	冷却水泵	抽送海水，供给主机汽缸、汽缸盖、空气压缩机和轴承等冷却用	连续工作
4	锅炉给水泵	从热水箱或炉水储水舱供水给锅炉	连续工作或周期工作
5	燃油泵	由主油舱将燃油送到日用油箱	每隔8～12h工作30～60min
6	滑油泵	将润滑油输送到机器的摩擦部分，以冷却机器的摩擦部分	连续工作
7	消防泵	主要用作消防，也可用作压舱泵或排水泵	连续工作（需要时用）
8	压载泵	输送压载，抽干或灌满压载水舱，也可用作消防、卫生及舱底泵的备用泵	若使用时1～2h
9	舱底泵	将舱底的积水排出	若使用时1～2h
10	卫生泵	将海水送到日用水柜	受水柜压力高低自动控制
11	淡水泵	将淡水由淡水舱送到日用淡水柜	受水柜压力高低自动控制

三、船用泵的电气控制指标及特点

船舶上泵种类繁多，按原动机的型式分为电动泵、汽轮机驱动泵等，电动泵的驱动电机多采用三相异步电机，额定工作电压和频率参数为：

主电路：交流三相 380V、50Hz。

控制电路：交流 220V、50Hz 或采用直流。

根据泵的用途不同，驱动电机的功率和控制要求也不同，具体工作指标有：

（1）电动机的额定功率。

（2）电动机的额定工作电流。

（3）主要控制功能和要求。

（4）电气控制设备安装方式和防护等级。

一般来说，它们的起动次数不多（每小时不超过 3～5 次），不需要制动和反转，通常不需要调速，所以泵对电动机的要求是起动、停车和安全工作。根据泵的容量大小，船用泵电动机有直接起动、星形—三角形起动和自耦变压器降压起动三种常用自动起动线路。本章以全船冷却水泵和消防泵为例分析自动起动线路的原理。

第二节　船用泵电气控制方式

一、磁力起动器控制

交流磁力起动器是用于鼠笼异步电动机全电压直接起动的控制电器。直接起动具有控制设备简单、价格便宜、起动快速、可靠等优点，得到广泛应用。

功率较大的鼠笼异步电动机直接起动时，由于起动电流较大，会引起船舶电网电压的瞬时跌落，从而导致电网其他用电设备的不正常运行。因此，根据船舶电站调压性能的不同，对允许直接起动的鼠笼异步电动机的容量限制也不同。

交流磁力起动器主要由电源开关、接触器、热继电器组成，并配以控制变压器、按钮、指示灯等元器件。起动器具有失电压和过载保护功能。

二、继电器—接触器控制

对于大、中容量的三相异步电动机，为限制起动电流，采用降压起动方式。降压起动方式有星形—三角形降压起动、自耦变压器降压起动、频敏变阻器起动、软起动等。对于某些供交流频繁起动、停止运行，正反转运行，控制功能较多的，且具有过载、短路、断相和失电压保护功能的，要用较多的继电器、接触器并采用不同的控制方式，构成专用起动设备。

三、可编程控制器控制

可编程控制器在现代控制和监测领域占据越来越重要的地位，不仅能实现各种复杂的逻辑控制和顺序控制，而且可靠性高，抗干扰能力强，在恶劣环境下能长时间不间断运行，且维护工作量小，配以通信接口和各种功能模块，可方便地和上位工控机相连，解决控制、监测和通信等问题，因而在船舶用泵的电气控制中也得到广泛应用。

第三节　船用泵电气控制实例

一、全船冷却水泵

1. 组成及功能

本泵组由冷却水泵、三相异步电动机、电气控制箱、加热器等组成，用于为全船抽送冷

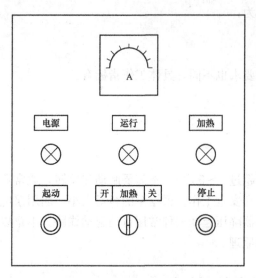

图 4-1　全船冷却水泵电气控制箱面板示意图

却水，具有较高的流量和扬程，工作稳定可靠，可长期连续运行。

电气控制箱用于控制泵组及加热器起动、停止，提供泵组运行状态显示，并配有交流过载电流表，泵组的控制方式为手动控制。电气控制箱面板示意图如图 4-1 所示。

2. 电气控制技术性能指标

额定工作电压和频率：

（1）主电路：交流三相 380V、50Hz。

（2）控制电路：交流单相 220V、50Hz。

额定工作电流：16A。

电动机额定功率：15kW。

3. 电气控制线路原理分析

全船冷却水电气原理简图如图 4-2 所示。

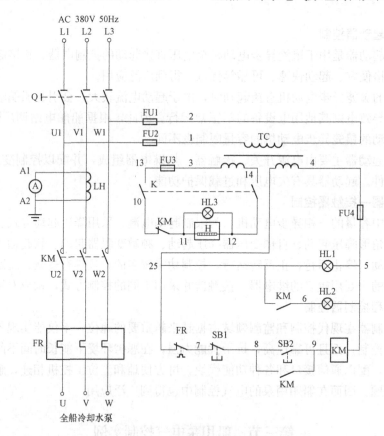

图 4-2　全船冷却水泵组电气原理简图

（1）主电路。主电路由 380V 三相交流电源供电。当控制电路中 KM 交流接触器线圈得电后，其动合主触点闭合，电动机得电直接起动运转。热继电器 FR 为电动机 M 的过载保护电器，M 的短路保护有上级自动开关的电磁脱扣来实现。电路中采用额定电流比为 50/

5A 的电流互感器 LH，配以 50A 的交流过载电流表，用于监视电动机的工作电流。

（2）控制电路。变压器分别为加热器回路和控制回路供电。在接触器 KM 得电之前，闭合旋钮 K 可使加热器 H 得电，并点亮指示灯 HL3（绿色）。接触器 KM 得电后，加热器回路的动断触点断开，停止向加热器供电。按下起动按钮 SB2 可使接触器 KM 得电，主回路开关 KM 闭合，冷却水泵得电起动，此时由于位于控制回路的接触器 KM 动合触电闭合，使 KM 一直得电，若要使冷却水泵停止，应按下停止按钮 SB1，使接触器 KM 失电，主回路开关 KM 断开。

二、船用消防泵

1. 组成及功能

本泵组由消防泵、三相异步电动机、电气控制箱、加热器等组成，主要用于消防工况，为消防系统提供消防用水，可长期连续运行。

电气控制箱用于控制泵组及加热器起动、停止，提供泵组运行状态显示，并配有交流过载电流表。泵组的控制方式可以采用手动或自动控制方式。也能在控制室遥控起动和停止电动机。电气控制箱面板示意图如图 4-3 所示。

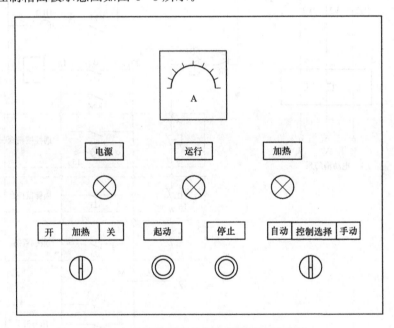

图 4-3 消防泵组电气控制箱面板示意图

2. 电气控制技术性能指标

额定工作电压和频率：

（1）主电路：交流三相 380V、50Hz。

（2）控制电路：交流单相 220V、50Hz。

额定工作电流：40A。

电动机额定功率：37kW。

3. 电气控制线路原理分析

全船冷却水电气原理简图如图 4-4 所示。

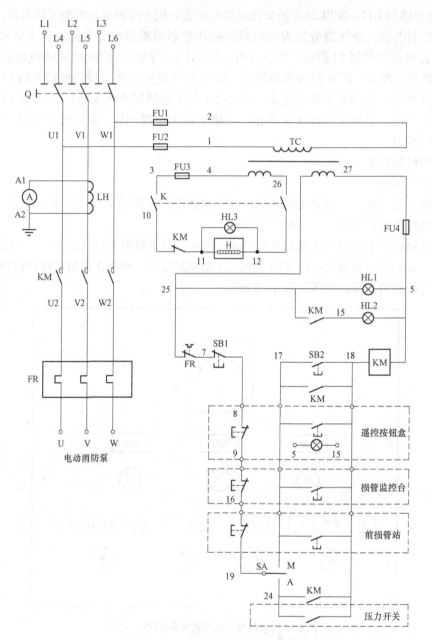

图 4-4　全船冷却水电气原理简图

（1）主电路。两路三相交流电源通过转换开关引入，一路为正常供电，一路作为备用电源，当正常供电出现故障时，即可转入备用电源。与冷却水泵类似，热继电器 FR 用于电动机 M 的过载保护。配以 100A 的交流过载电流表，用于监视电动机的工作电流。

（2）控制电路。控制回路的控制方式可以采用手动或自动。当转换开关 SA 置于自动时，由压力开关控制接触器 KM 的供电，但当遥控按钮盒、损管监控台、前损管站中对应的动断开关以及按钮 SB1 断开时，接触器 KM 将失电，电动机失电停转。当转换开关 SA 置于手动时，闭合遥控按钮盒、损管监控台、前损管站中对应的控制按钮以及按钮 SB2 中的任意一个，可使接触器 KM 得电，电动机得电起动运转。

本章小结

本章介绍了船舶电动泵的工作特点和控制原理。电动泵起动次数不多，不需要制动和反转，通常也不需要调速，所以泵对电动机的要求是起动、停车和安全工作。

电动泵多采用三相异步电机拖动，主电路采用三相 380V 工频电源供电，控制电路由交流 220V 工频电源或直流电源供电。根据泵的用途不同，驱动电机的功率和控制要求也不同。

习题

4-1　按照泵的用途不同，船舶上的泵如何分类？

4-2　简述船舶电动泵的工作特点以及适用的驱动电机类型。

4-3　船舶电动泵的主电路通常带有哪些安全保护？

4-4　船舶电动泵的控制电路如何供电？简述消防泵的自动控制过程。

4-5　简述船舶用泵的电气控制系统种类及特点。

第五章　船舶空压机的电气控制

第一节　概　　述

一、功能

空压机是用来产生和提供压缩空气的设备。船舶上的压缩空气使用极广,空压机产生的压缩空气经油水分离器、过滤器将水蒸气、油气、浮粒析出分离后,用于柴油机起动、汽笛、海底门冲洗、海水、淡水压力柜充气、风动工具等,对军舰来说还用于发射鱼雷和导弹、失事排水、均衡潜艇等。

二、分类

容积式压缩机分为往复式(活塞压缩机)及回转式(罗茨压缩机、螺杆压缩机)两类结构。船舶空压机大多采用往复式空气压缩机,比如冷藏压缩机、空调压缩机等,个别大型空压机、制冷压缩机为回转式螺杆压缩机。船舶用空压机的类型及性能特征见表 5-1。

表 5-1　　　　　　　　　　　　船舶用空压机的类型及性能特征

序号	名称	工作特点				
		排气压力(MPa)	容积流量(m³/min)	调节性能	结构	工作腔润滑
1	往复式	一般 0.2~32;最高 700	0.1~400	排气压力稳定	复杂	有,无
2	回转式	一般 0.2~1;最高 4.5	0.1~500	排气压力稳定	较简单	有,无
3	离心式	一般 0.2~15;最高 70	10~3000	排气压力随流量变化	简单	无
4	轴流式	一般 0.2~0.8	200~10 000	排气压力随流量变化	简单	无

按压缩机的级数又可分为单级压缩机和多级压缩机。按排出压力的高低可分为:

(1)低压空压机:排出压力 0.2~1MPa。

(2)中压空压机:排出压力 1~10MPa。

(3)高压空压机:排出压力 10~100MPa。

(4)超高压空压机:排出压力大于 100MPa。

三、电控系统的技术现状

按原动机类型又可分为电动压缩机、内燃压缩机和蒸汽压缩机,由独立的原动机驱动,尤以交、直流电动机较为普遍。其中交流电动机结构简单、方便,价格低廉,只有仅具有直流电源或要求平滑宽调速场合,才选用直流电动机。比如常用的 66-10 型空压机是高压的四级往复式电动空压机,所产生的压缩空气还必须经过干燥和过滤处理后,才能供给高压气瓶储存,气瓶中的空气压力一般为 20MPa,有的甚至达到 40MPa。

空压机作为气动控制系统的气源设备,空压机电控系统以继电器接触器控制装置为主,但是对于矿井作业等气量较大的工业应用场合,当供气量发生变化时无法实现气压恒定输出,而且存在可靠性差、不易维护、能耗浪费大的缺点,因此,近年来采用 PLC 和变频器作为控制装置的应用越来越多，使空压机朝着"可靠、节能、方便"的方向发展。

第二节　电动空压机的选择及控制要求

一、电动机类型选择

鼠笼异步电动机的结构简单、运行可靠、价格便宜，对转矩波动也不敏感，是中、小型压缩机广泛采用的形式，但功率因数较低，起动电流较大，故要求有较大的电网容量，一般船舶允许小于 25％电网容量的电动机直接起动。在压缩机驱动中，异步电动机用于功率小于 150kW 的场合，但在大电网中可达 700～1000kW。

绕线转子异步电动机结构复杂，由于有滑环的原因可靠性较差，价格比鼠笼异步电动机要贵，故只有当起动转矩较大或电网容量偏小而无法增大时方予选用。

虽然同步电动机需转子励磁，结构比较复杂，价格较贵。但其转速、转矩稳定，功率因数和效率都较高，因而选异步电动机还是同步电动机应综合考虑，特别是对大功率空压机的选配更应如此。

二、电气控制要求

在船舶进出港口、锚地或窄水道时，主机起停和换向较频繁，消耗压缩空气量较大，而在船舶停泊或航行于开阔水面时消耗量要少得多。因此，空气瓶压力要根据需要及时补充。目前船舶空压机一般采用自动控制。电动空压机起动次数不多，不需要制动和反转，通常也不需要调速，所以空压机对电动机的要求是起动、停车和安全工作。

1. 起动方式的选择

对于大功率交流电机，直接起动时起动电流会达到 5～7 倍的额定电流，造成电动机绕组过热，同时造成供电网电压波动，因此最好采用降压起动方式，消除了电气和机械冲击，使得压缩机使用寿命及检修周期得到大大延长。常用的降压起动方式包括星三角起动、自耦变压器或者变频器软起动等。其中变频器投入成本较高，但对于长期用电的大设备，能够减少用电量从而节约能源。

2. 空压机的保护控制

空压机起动前要检查滑油和供冷却水，运行过程中也要对温度、压力等参数进行监控，润滑和冷却系统正常是保证空压机可靠工作的前提。

（1）高温保护。在高压缸排气管路上设温度继电器，在排气温度过高时使压缩机停车。造成空压机高温的原因很多，冷却不良、空气泄漏是其中两个最重要的因素。空压机高温将使气阀的工作环境恶化，排气温度升高，将可能导致积炭燃烧以致爆炸造成事故，因此空压机设有高温报警停车装置。

（2）低油压保护。几乎所有的活塞类机械起动前都需要检查滑油油位。动力润滑式的空压机要注意观察空压机的滑油压力，否则有轴承损坏的危险。当油压低于规定值时保护性停车。

第三节　空压机电气控制实例

船上的空压机一般多为间歇性运行，连续运转的时间往往不超过 1h，原动机多为电动机，电气控制方式类同于船舶用泵电气控制。小功率空压机的电机一般采用直接起动方式，功率较大时需要降压起动以减小起动电流。本节以绕线式异步电动机拖动的空压机为例，介绍电控系统的构成及线路工作原理。

电气控制技术性能指标如下：

主电路：三相交流 380V，50Hz。

电动机额定功率：90kW。

额定工作电流：电动机定子额定电流 171A，转子额定电流 139A；

工作制：间断长期工作制；

起动电流：$\leqslant 2.5 I_N$。

起动转矩：$\geqslant 0.7 T_N$。

一、主电路

电气控制采用交流 50Hz、电压 380V 的绕线转子异步电动机拖动，绕线式异步电动机是一种转子具有绕组和滑环结构的电动机，一般采用电阻分级起动或频敏变阻器起动两种方式。频敏变阻器实际上是一个铁芯损耗非常大的三相电抗器，其阻抗能够随着转子频率的下降而减小，常用于较大容量的绕线异步电动机的起动控制。对于偶尔起动用频敏变阻器可采用起动后用接触器短接的控制方式，如图 5-1 所示。

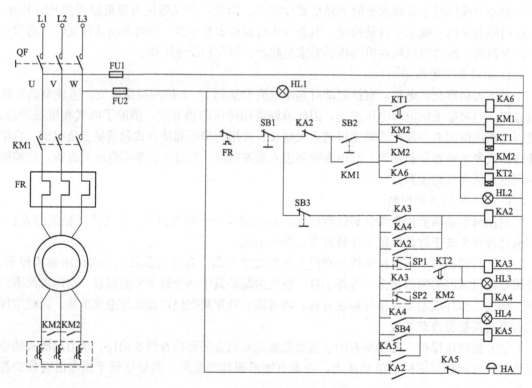

图 5-1　船舶空压机组电气原理图

二、控制原理分析

空压机的控制方式有手动和自动两种，运转过程中监视空气压力的变化，利用装在空气瓶上的压力继电器控制空压机的起停，通过这些参数的变化了解空压机的工作情况。图 5-1

只给出了电机的手动起动控制和自动保护控制电路部分。其中油压开关 SP1：空压机起动 50～60s 后，如果油压过低将停车保护；温度开关 SP2：起动后，排气温度超温时报警断电。

1. 空压机的起动控制

合上电源开关 QF，电源指示灯 H1 亮。按下起动按钮 SB2，接触器 KM1 线圈和时间继电器 KT1 线圈得电，KT1 通电延时后，电动机转子串入频敏变阻器开始起动。起动初 $t=0$ 时，转子电流的频率最大，故起动初时等效阻抗最大，因此限制了电动机起动电流，但因起动电阻大，使得电机的起动转矩较大（同定子减压起动相比）。随着电动机转速上升，变阻器阻抗减小，但电动机转子电流总的趋势是下降的。KT1 延时到后，KM2 动作，切除变阻器，电动机进入自然特性工作，电动机在加速力矩作用下继续工作，直到与负载转矩相平衡，进行稳态运行，起动过程结束。

2. 空压机的保护停机

（1）空压机低油压停车。空压机在运行过程中，时间继电器 KT2 的工作线圈得电，当延时时间到后，压力开关 SP1 油压还是很低，则中间继电器 KA3 通电，起动低油压报警电路并停机。

（2）空压机高温停车。空压机在运行过程中，如果温度开关 SP2 闭合，则中间继电器 KA4 线圈通电，起动高温报警电路并停机。

在图 5-1 中，发生低油压或者高温故障时，继电器 KA2 线圈通电，都引起声光报警。当按下按钮 SB4 时，继电器 KA5 通电，报警消音。

本 章 小 结

本章介绍了船舶电动空压机的工作特点和控制原理。电动空压机起动次数不多，不需要制动和反转，通常也不需要调速，所以空压机对电动机的要求是起动、停车和安全工作。船舶空压机的电气控制系统以继电器—接触器控制为主，矿井等大型空压机组通过采用 PLC 控制器和变频器，逐渐实现了全自动化控制，实现了恒压供气运行。

本章以绕线式电动机驱动的空压机装置为例，介绍了串接频敏变阻器的异步电机软起动控制线路，以较小的起动电流产生较大的起动转矩，实现电动机的无级平滑起动，但因为频敏变阻器实际上是一个电感元件，导致电机的功率因数较低。

习　题

5-1　按照空压机的排气压力不同，船舶上的空压机如何分类？

5-2　船舶空压机的驱动电机多采用什么电机？有哪些要求？

5-3　船舶电动空压机的主电路通常带有哪些安全保护？

5-4　转子侧串联频敏变阻器时，简述电动机的软起动过程。

5-5　查找大功率船舶空压机的电气控制线路图，并与图 5-1 比较，对比说明控制系统的共性要求。

第六章 船舶冷藏装置的电气控制

第一节 概 述

船舶冷藏装置主要用来冷却或冷冻食品，防腐保鲜，它通常设在厨房附近，设有高温库（高于0℃）和低温库（低于0℃），它们有着各自的温度控制要求。冷藏装置使鱼肉库温度保持−18℃±2℃，蔬菜库温度保持+2℃±2℃，粮食库温度保持+10℃±2℃，防止储存在冷库内的食品变质，以改善船员伙食条件，船舶常用冷库温度参数见表6−1。操作、使用本设备之前，本章首先对涉及的制冷热力学原理、制冷系统的工作原理等热工基础知识进行介绍，其后再通过实例介绍冷藏装置的电气控制技术。

表6−1　　　　　　　　　　　　船舶常用冷库温度参数

库名	远洋轮		沿海轮	
	温度（℃）	相对湿度（%）	温度（℃）	相对湿度（%）
肉库	−8～−12	80～85	−5～−8	80～85
鱼库	−8～−12	85～90	−5～−8	85～90
乳品	+2	75～80	+2	75～80
蔬菜	+5	80～90	+5	80～90
粮食	10～15	<75	—	—

一、制冷装置的组成及工作原理

制冷装置的作用是从被冷对象中移出热量，以便使其建立一个相对合适的低温环境。

从物理学可知，任何液态物质蒸发气化时，都要吸收大量的热量，称为气化潜热。如果利用这一规律，选择气化温度很低的液体，例如将在一个标准大气压下气化温度为−29.8℃的氟利昂（F12）作为制冷剂，它在一定条件下蒸发气化，则其将从其周围吸取大量的热量，使温度相应降低，因而达到制冷的目的。此时制冷剂已蒸发成为气体，如不将其重新凝结为液态循环使用，那是不经济的。为此用压缩机将制冷蒸汽压缩增压。由于压力升高，制冷剂蒸汽凝结为液态的温度（饱和温度）将升高（例如把氟利昂F12压缩到76.9N/cm²时，它的凝结温度就升高到30℃）。于是需要在冷却器内，用海水将高压制冷剂蒸汽凝结成液态。高压液态制冷剂再经过膨胀阀节流降压，从而又进入蒸发器蒸发吸热，完成一个循环。

压缩冷凝机组中压缩机吸入低温低压的氟利昂气体将其压缩成高温高压的氟利昂气体进入油分离器，将气体中的油分离出来，油自动回到压缩机，氟利昂气体则流入冷凝器经过海水冷却后凝结成高压的氟利昂液体，再经过干燥过滤器离开压缩机冷凝机组后进入膨胀阀，经膨胀阀节流到对应冷库的蒸发温度，成为低温低压的液体，再进入对应的冷风机中进行强制蒸发，吸收冷库中的热量，使冷库降温，从冷风机出来的低温低压气体回到压缩冷凝机组经气液分离器将氟利昂气体和液体完全分离后回到压缩机。

由以上制冷原理的介绍可见，蒸发器、压缩机、冷凝器、膨胀阀是压缩式制冷装置的重要组成部分。它们构成的循环系统如图 6-1 所示。

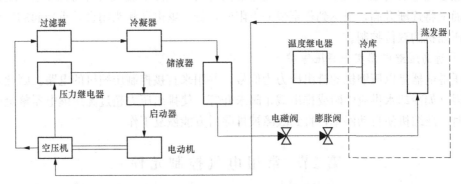

图 6-1　制冷装置循环系统组成示意图

大多数船舶无论高温库还是低温库都采取吹风冷却的方式，因此都配置了高、低温冷风机。冷风机须起停控制和过载保护，另外对于低温冷风机内的融霜加热器还需要按时间周期开停控制。

二、冷藏装置的自动化控制

现代船舶食物冷库制冷装置已经全部实现了自动化，自动化控制包括温度调节和安全保护两部分。"调节"是根据外界条件的变化自动地调整装置的工作，以便随时保持所需的制冷工况，从而简化管理，并提高装置工作的经济性；"保护"是预防故障，保证装置的安全运转。制冷装置的自动化具体解决以下几个主要问题：

1. 通过热力膨胀阀压缩机实现干压，并使蒸发器充分发挥作用

热力膨胀阀除起到对制冷剂进行节流降压、降温的作用外，还可以自动准确地调节进入蒸发器的制冷剂流量。若热力膨胀阀开度过大，则进入蒸发器制冷剂量就会过多，压缩机就将吸入湿的蒸汽甚至液态制冷剂而处于湿压状态，使压缩机有发生"液击"的危险。反之，则进入蒸发器的制冷剂量过少，于是会很快蒸发完毕而过热，使压缩机吸气的过热度增大，致使蒸发器的换热能力下降，制冷量降低。由此可见，适当地调节制冷剂流量，就能保持蒸发器出口处制冷剂的过热度在一适当的范围内。

热力膨胀阀是以制冷剂蒸汽在蒸发器出口处的过热度为信号来自动调节制冷剂流量的自动化元件。通过热力膨胀阀可以控制压缩机吸气的过热度。若过热度因热负荷的增加而增大，阀就自动开大，反之则关小。

2. 通过温度继电器与电磁阀，可以实现对库温及波动范围的控制

通过温度继电器与电磁阀，可以实现对库温及其波动范围的控制。

温度继电器的感温管置于冷库中，当库温达到调定值的下限时，感温管就会促使继电器的触头断开，切断电磁阀的电路而使阀关闭，由于库温回升至调定值的上限时，温度继电器则将使电磁阀重新开启，于是库温又将下降，实现对库温的双位控制。

3. 通过低压继电器的双位控制，自动起停压缩机，起调节和保护作用

通过低压继电器的双位控制，自动起停压缩机，起调节和保护的作用。

当各冷库的温度都达到设定值的下限时，各电磁阀皆应关闭，这样，压缩机的吸入压力就会越来越低，甚至出现负压（真空），这就有可能导致外界空气漏入系统，而此时压缩机的运转亦已没有必要。因此，就可以利用低压继电器来使机器停转。但是，随着冷库温度的

升高，温度继电器的触头又重新闭合，使电磁阀开启，制冷剂流入蒸发器，压缩机的吸入侧压力因而又将逐渐升高，当达到整定值的上限时，低压继电器触头闭合，重新起的压缩机以实现对压缩机的双位控制。

4. 通过高压继电器实现高压保护

高压继电器是以压缩机的排出压力为信号，并用来直接控制压缩机的电路。因此，不论何种原因（如冷却水供应中断或排出截止阀未开等）使排出压力超过高压继电器整定的断开压力值时，压缩机便自动停车，直到故障被排除后方能恢复工作。

第二节　常用电气控制元件

为完成"调节"和"保护"的任务，制冷装置中需设热力膨胀阀、温度继电器、电磁阀、高低压继电器和油压继电器等自动控制元件。

1. 热力膨胀阀

如图 6-2 所示，热力膨胀阀中针阀的开度是由作用于膜片上下之压力差来控制的。液体进阀后经过一个小孔节流，然后送入蒸发管蒸发。小孔的大小由针阀控制。为了自动控制流量，即自动控制针阀的位置，阀的上部用一片膜片将阀体内部隔成两室。膜的下方由节流后的制冷剂施予压力；膜的上方小室用毛细管引到热交换器出口端的蒸发管上的感温管上。毛细管中充满了氟利昂（F12）液体，因而膜上方所受到的压力将由感温管控制。膜片上下的压力差将使膜片产生凸或凹的变形，其变形的大小通过弹簧使针阀移动。当蒸发管中的流动阻力很小，可以忽略不计时，制冷剂在进口处的压力设为 $1.86kg/cm^2$（绝对），对应的饱和温度为 $-15℃$，假设在断面 I 处制冷剂已全部气化，而至断面 II 处过热 5℃，则温度提高到 $-10℃$。在断面 I 处和蒸发盘管紧贴的感温管包有绝热材料，因此，在感温管内应是和 10℃相应的饱和压力 $2.23kg/cm^2$（绝对），可见膜片上、下压力差即反映了过热度的大小。当过热度大时，压差也大，针阀便开大；反之则关小。热力膨胀阀这样自动开大、关小，便能起动调节进入蒸发器的制冷剂流量，使制冷剂的过热度被控制在某一数值范围之内。

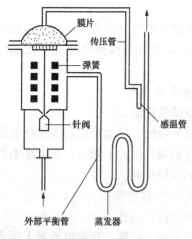

图 6-2　热力膨胀阀的结构示意图

（图中标注：膜片、传压管、弹簧、针阀、感温管、外部平衡管、蒸发器）

2. 温度继电器

温度继电器是一个用来对冷库温度及其幅差（温度波动范围）进行控制的开关。在多效应制冷装置中（该装置有几个冷库），温度继电器是和电磁阀配合使用的；而在单效应制冷装置中，（该装置只有一个冷库，如电冰箱），温度继电器就直接用来控制压缩机的起、停，达到控制库温的目的。

目前常用的温度继电器有 RT 和 WT 型，如图 6-3 所示为上海分析仪器厂生产的 WT-1226 型温度继电器的工作原理示意图。和膨胀阀一样，用充满 F12 制冷剂的感温管测量温度，感温管通过传压管连接到波纹管（或叫伸缩鼓）上，波纹管受压力变形的大小决定于 F12 液体和主调弹簧的压力差，波纹管的变形量通过杠杆及跳簧片等控制触头的开合。

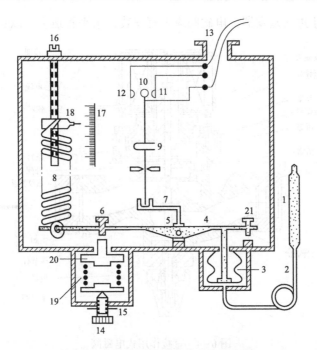

图 6-3　温度继电器结构原理示意图

1—感温管；2—传压管；3—波纹管；4—杠杆；5—刀口支点；6—螺钉；7—拨臂；8—主调弹簧；

9—跳簧片；10—动触头；11—静触头；12—静触头；13—出线孔；14—幅差旋钮；15—幅差标尺；

16—主调螺杆；17—主标尺；18—指针；19—幅差弹簧；20—弹簧座；21—止动螺针

　　当感温管 1 所感受的冷库温度逐渐达到调整值的下限时，由于主调弹簧 8 的拉力矩大于波纹管 3 上所产生的顶力矩，故使杠杆 4 绕刀口支点 5 而转动，通过拨臂 7 和跳簧片 9 使动触头 10 和静触头 12 断开，关闭电磁阀。此时，因止动螺钉 21 已触及底板，于是杠杆 4 不能继续做顺时针方向的转动而呈水平状态，螺钉 6 与弹簧座 20 则互相脱开，所以幅差弹簧 19 对杠杆 4 的转动不起作用。随着库温的升高，作用于波纹管上的压力也相应增大，于是克服主调弹簧的拉力使杠杆 4 逆时针方向转动一个角度，此时螺钉 6 刚刚碰在弹簧座上。若继续转动杠杆，就必须克服主调弹簧的拉力和幅差弹簧的张力。当库温升至整定值的上限时，杠杆 4 就通过跳簧片 9 将动触头由静触头 11 转至静触头 12，接通电路使电磁阀开启，制冷剂重新进入蒸发器。

　　调节主调螺杆 16 可以改变主调弹簧的拉力，因而可以改变冷库温度的调整值，调节幅差旋钮 14，可以改变幅差弹簧的张力，从而使温差范围改变。

　　3. 电磁阀

　　电磁阀是以电磁铁为动力来启闭阀门的一种开关，它常与温度继电器或压力继电器配合使用。

　　按照阀门开启方式的不同，电磁阀可分为直接作用式和间接作用式。间接作用式电磁阀又可依液力放大器构造的不同，分为膜片式与活塞式两种。

　　如图 6-4 所示为直接作用式电磁阀结构图。阀座中有 F12 流通管道，管道的通闭由电磁线圈通过阀杆上的针阀控制，电磁线圈与电源和温度继电器相连，当继电器闭合时，接通电路，电磁线圈通电产生磁性，吸引铁芯向上运动，铁芯带动阀杆上移，电磁阀打开，液态制冷剂得以进入蒸发器中；电磁线圈断电时，铁芯和阀杆靠应力下移，将管道堵充，电磁阀关闭，制冷剂便停止进入蒸发器。电磁阀应垂直安装在水平管道上，以免引起铁芯卡阻。

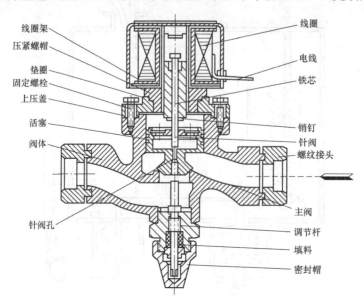

图6-4   直接作用式电磁阀

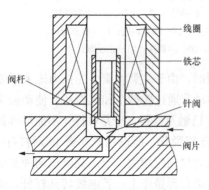

图6-5   间接作用式电磁阀

当管路直径较大时，开启阀所需的力也需加大，这时采用直接式电磁阀就有困难。因此，可采用带放大器的间接作用式电磁阀，如图6-5所示。

电磁阀阀体内有主阀及针阀。主阀与活塞连接一体。上部固定有线圈。套在针阀上的铁芯可在线圈护套内上下运动。制冷剂由右边进入阀体，由左边流出。

电磁线圈不通电时，主阀及针阀都落在各自的阀座上，铁芯落在针阀的销钉上，由右边进入阀体的高压液态制冷剂沿主阀上部活塞与阀体的缝隙漏入活塞上部空间，由于活塞上部面积大于下部面积，所以活塞上部总压力大于下部的总压力，使主阀与阀座关得更紧，因而切断制冷剂通路。当电磁线圈通电后，铁芯向上运动使针阀开放，活塞上部的高压制冷剂沿针阀孔流入主阀下部空间，活塞上部压力突然降低，作用在活塞下部的高压制冷剂便将主阀顶开，制冷系统形成通路。当线圈断电时，针阀落下，堵住针阀孔，使活塞上、下压力一样，活塞便靠重量落下，主阀关闭。当电磁阀系统失灵时，可旋下密封帽，拧动调节杆，便可人工开、关电磁阀。

4. 压力继电器

压力继电器又称压力开关，用于起动和停止压缩机的电动机，以保证制冷装置在规定的工作压力值范围内进行工作。

压力继电器包括高压和低压两部分，可以用两只继电器，也可以用兼有高低压作用的继电器，二者的原理相同。如图6-6所示为高低压继电器的结构原理图。这种继电器，高低压共用一套触头系统，它的原理和温度继电器相似，只是其中的敏感元件不是温包，而是直接的压力管。当管内压力升高（或降低时），波纹管被压缩（或伸长），装在波纹管上的顶针即推动杠杆动作，使触头合上或分开，由此控制电动机工作或停止。

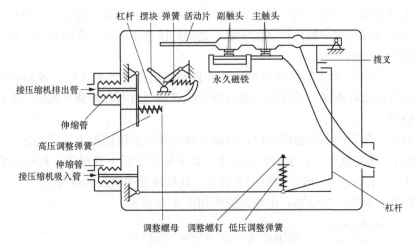

图 6-6　高低压压力继电器结构原理图

低压部分动作原理：低压信号由图 6-6 左下方的波纹管传递，压缩机吸入管通至波纹管外部，波纹管通过杠杆控制触头的闭合。如果压缩机吸入管的压力正常时，波纹管的推力将低压调整弹簧拉长，由杠杆推动拨叉把触头置于闭合位置，如果吸入管压力降低到动作值时，波纹管压力下降，低压调整弹簧拉动杠杆把活动片上推，断开触头，切断压缩机电路。

高压部分动作原理：高压信号由图 6-6 左上方的波纹管传递。压缩机排出管通至波纹管外部。波纹管通过杠杆摆块控制触头的断合。若压缩机输出压力正常时，波纹管上的压力较小，高压调整弹簧压住杠杆，摆块受到弹簧给予的逆时针方向的力矩作用，不会影响触头的闭合，如图 6-7（a）所示。如果压缩机输出压力增大，使波纹管压缩弹簧，使杠杆逆时针转动，当排出管压力上升到动作值时，杠杆转动经图 6-7（b）而达到图 6-7（c）的位置，此时弹簧给摆块一个顺时针的力矩 M，使摆块顺时针转动，把活动片上推而将触头断开，如图 6-7（d）所示。

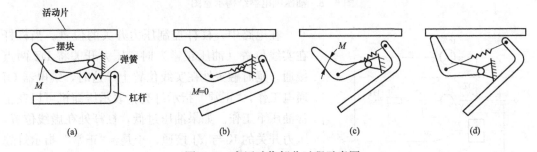

图 6-7　高压动作部分过程示意图

高压压力动作值的调整可用高压调整弹簧上的螺母实施。低压压力动作值通过调整螺钉来调整低压调整弹簧实施。触头断开和闭合之间的低压压力差值的调整，是通过调整拨叉间隙的大小实施的，间隙大时，压力差大，间隙小时，压力差小。

永久磁铁的设置，是为了使触头闭合迅速且接触可靠，同时还能消除触头离合时产生的电弧，使触头不被烧坏。

5. 油压继电器

油压继电器是压力继电器的一种，又称压差继电器。油压继电器用在滑油系统的低压保护上。当润滑油泵排出端与吸入端（曲轴箱）之间的压差小于某一设定值时，自动切断电动机电源，以保护压缩机。

如图 6-8 所示中，两个波纹管分别安装在压缩机滑油泵的吸入管（或曲柄箱）和排出管上。两波纹管用推杆连接，推杆的位置由两波纹管的压力差和弹簧来确定。推杆的位置又决定杠杆的位置。

在压缩管具有足够的润滑油润滑时，滑油泵排出管的油压比吸入管的油压高 1~1.5kg/cm² 以上，此时，推杆使杠杆处于实线位置上。如果排出管压力管过低，使排出管和吸入管压力之差小于 1~1.5kg/cm² 时，推杆向下移动，使杠杆处在虚线的位置上。

杠杆的位置控制着一个电路，电路的连线如图 6-9 所示。

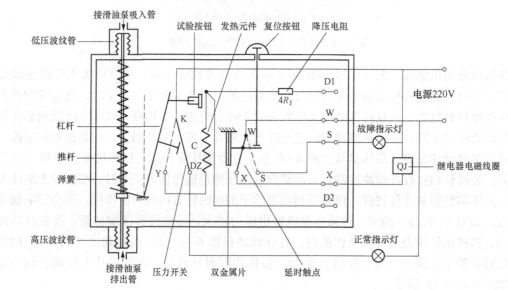

图 6-8　油压继电器结构示意图

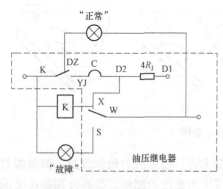

图 6-9　油压继电器电气图

在电路中，杠杆控制压力开关的位置。当杠杆在实线位置（油压正常）时，压力开关将 DZ 两点接通。延时触头处在实线位置上。这时，继电器 OJ 通电工作，"正常"指示灯亮，表示压缩机可以在正常油压下工作。如果油压过低，杠杆处在虚线位置，压力开关的 K 与 YJ 接通，于是，"正常"指示灯熄灭，发热元件 C 通电（延时触点仍在实线位置上）发热，使双金属片受热开始弯曲。经过一段时间，双金属片弯曲到足以把延时触点推到虚线位置（S 和 V 两点接通）上，延时触点将继电器 OJ 和发热元件 C 的电路切断，停止工作，同时接通"故障"指示灯报警。延时触点动作后即被复位按钮卡住，不能自动回到实线位置；若故障已排除，继电器 OJ 需要重新工作，则需先按下手动复位按钮，使触点回复到实线位置后，继电器 OJ 才能重新工作。

触点延时的目的有两点，一是在压缩机起动时，其转速是逐渐升高的，而压缩机带动的滑油泵油压的升高较转速的升高慢。在油压没有建立起来以前，压力开关是处在虚线位置上的，即此时发热元件 C 通电。加热双金属片需要一段时间（触点延时时间），在双金属片还没有使触点动作之前，油泵的油压便能建立起来，把压力开关推到实线位置上，发热元件 C 便断电，这样，可以保证油压继电器投入正常工作。延时的另一个目的是压缩机在工作过程中，如果油压偶有波动，油压继电器不会立即动作导致继电器 QJ 断电释放。

油压继电器的电源有 220V 和 380V 两种。在使用 380V 电源时需要把图 6 - 9 中的 X 和 D2 接线柱断开，X 和 D1 接线柱接通。这时，降压电阻 $4R_J$ 便串入发热元件 C 的电路中，以限制 C 中的电流不致过大。

试验按钮用来检查油压继电器电路的动作情况。按下试验按钮，可以将杠杆推动到虚线位置，相当于油压过低的状态，此时电路应该动作。

第三节　冷藏装置电气控制实例

船用冷藏装置的压缩机一般属于小功率电动机，可采取直接起动的控制方式。如前所述，压缩机的起停受低压继电器并且与高压继电器、油压继电器、冷却水压控制器联锁。冷库的控制逻辑较简单，目前多数采用常规仪表和继电器相结合的控制方式，在少数多机多库的系统中由于控制点多，逻辑相对复杂，也有使用西门子 S7 - 300 型 PLC 的工程实例。

1. 电气控制线路简介

如图 6 - 10～图 6 - 13 所示是某型制冷装置的电气控制原理图。本电路控制 4 个冷藏库：肉库、鱼库、蔬菜库（2 个）和粮食库。鱼肉库的温度控制在－7～－10℃，菜库的温度控制在 5～8℃。控制装置具有手动和自动两种控制方式，能够实现冷库温度控制、电加热除霜以及压缩机保护功能。

冷库制冷系统有 3 台制冷压缩机，其中 1 台作为备用。当主压缩机发生故障时，通过手动方式使备用压缩机投入工作；系统设有 2 台冷却水泵，其中 1 台作为备用。融霜采用电加热方式。制冷系统正常工作时，各冷库的供液电磁阀由各自的温度继电器分别控制。

肉、鱼库的制冷由 2 号、3 号压缩机实现，蔬菜库和粮食库的制冷由 1 号、3 号压缩机实现，其中 3 号压缩机是备用电动机。电气控制线路中的主要电器元件有：

（1）转换开关 SA1～SA3：压缩机的自动、手动选择。

（2）转换开关 SA4～SA5：冷却水泵的自动、手动选择。

（3）转换开关 SA1～SA6：冷库的手动、自动选择。

（4）转换开关 SA7：2 台水泵的选择。

（5）转换开关 SA8：3 台压缩机的选择。

（6）按钮 SB1、SB2：肉库、鱼库的融霜手动控制。

（7）自动空气开关 QF1：肉库、鱼库的供液线路通断。

（8）自动空气开关 QF2：蔬菜库、粮食库的供液线路通断。

（9）接触器 KM1～KM3：用于通断压缩机电动机主电路。

（10）接触器 KM4～KM5：用于控制水泵运行。

（11）接触器 KM6～KM7：用于控制肉、鱼库融霜。

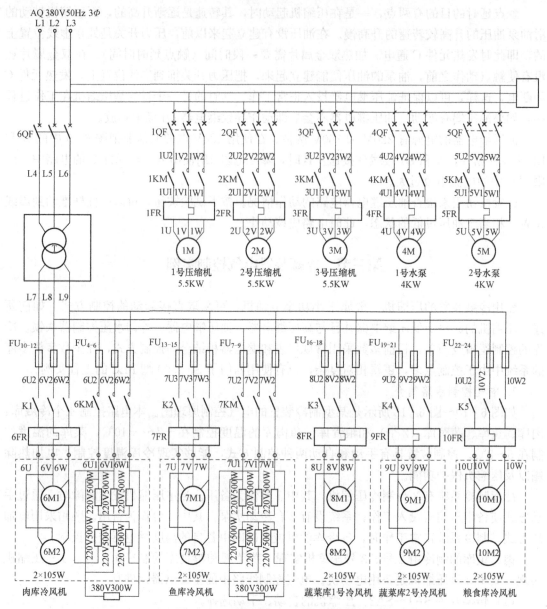

图 6-10 制冷装置电气控制原理图 1

(12) 中间继电器 K1～K3：用于压缩机高压压力保护及故障报警。

(13) 中间继电器 K1～K5：用于控制肉、鱼库、蔬菜库和粮食库的供液阀。

(14) 中间继电器 K6～K8：用于肉、鱼库超温报警。

(15) 中间继电器 K9～K10、K13：用于控制水泵运行并能够延时停机。

(16) 中间继电器 K12：用于水泵水压故障控制。

(17) 中间继电器 K14：用于控制电源线路的接通及保护断开。

(18) 压力继电器 HP1～HP3、LP1～LP3：用于整定压缩机工作范围。

(19) 冷却水压力继电器 WP：用于控制冷却水的压力范围。

(20) 温度继电器 WK1、WK2、WK5、WK6：用于检测并控制冷库的温度。

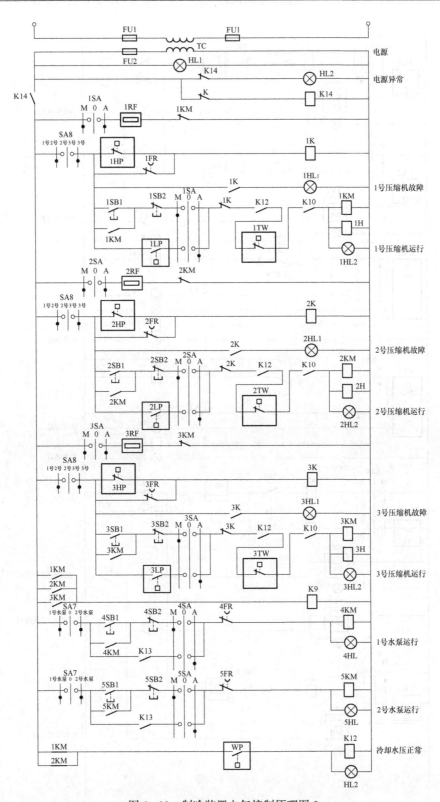

图 6-11　制冷装置电气控制原理图 2

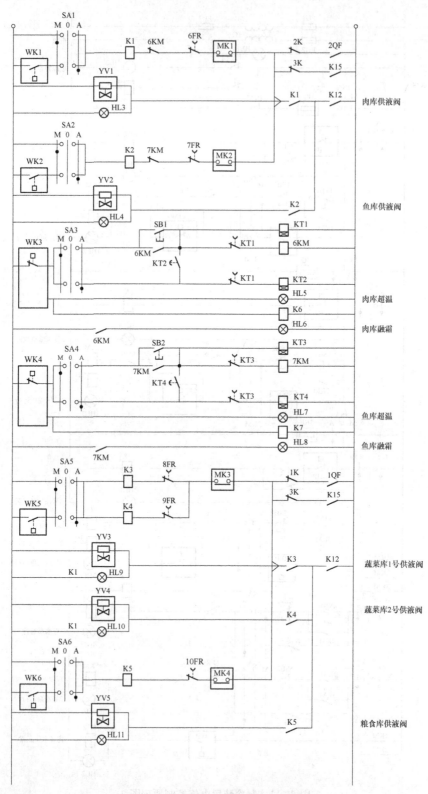

图 6-12 制冷装置电气控制原理图 3

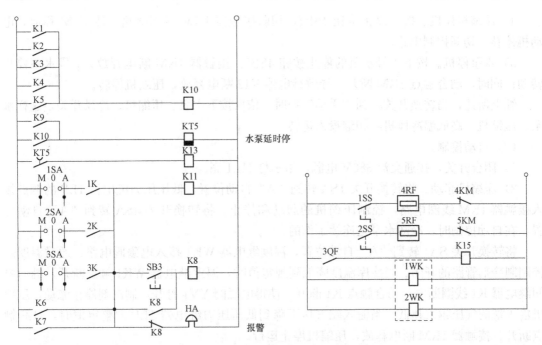

图 6 - 13　制冷装置电气控制原理图 4

（21）温度继电器 WK3、WK4：用于肉、鱼库的超温控制。

（22）制冷剂电磁阀 YV1～YV5：用于通断制冷剂通道。

（23）温控器 1TW～3TW：根据冷库库温启停压缩机。

（24）频敏电阻 1RF～5RF：压缩电动机起动时串入。

（25）MK1 - 4：库门开关。

另外还有转换开关 SA、按钮 SB、热继电器 FR 以及电铃报警装置等元器件。

2. 控制线路的工作原理

控制线路通过变压器 TC，接入主电源。以制冷装置中的 1 号压缩机和 1 号冷却水泵为例，对制冷装置起动、停车的手动和自动控制过程进行分析。

（1）手动控制。合上电源开关，接通交流 380V 电源，指示灯 HL1 亮。转换开关 1SA、4SA 转到手动"M"位置。

1）起动冷却泵。起动压缩机以前，必须先起动水泵电动机。将选择开关转到"1 号水泵"位置，按下起动按钮 4SB1，接触器 4KM 线圈通电，水泵起动运行。接触器 4KM 通过其辅助触点 4KM 自保。当冷凝器冷却水压力达到一定数值后，接触器 K12 通电，为压缩机起动做准备。

2）起动压缩机。按下起动按钮 1SB1，在制冷剂压力低于继电器高压触头 1HP 断开值的情况下，继电器 1KM 通电，其动合触点 1KM 接通自保，压缩机起动。

在手动控制时，冷库温度由操纵者掌握。当压缩机出口压力高于调整值时，高压压力继电器触头 1HP 断开，接触器 1K 断电，指示灯 1HL1 发出报警信号，指示 1 号压缩机故障。

3）融霜控制。按下起动按钮 SB1，接触器 6KM 通电，肉库开始融霜。同时时间继电器 KT1 通电，动断触点 KT1 经过适当延时后释放，接触器 6KM 断电，融霜结束。

4) 压缩机停机。按下停止按钮 1SB2, 切断接触器 1KM 线圈电路, 使 1KM 释放, 电动机停转, 切断控制电路。

5) 水泵停机。按下 1 号水泵的停止按钮 4SB2, 接触器 4KM 断电释放, 1 号水泵停止转动; 同时, 动合触点 4KM 断开, 导致继电器 K12 断电释放, 压缩机停转。

综上所述, 当转换开关转到 "手动" 挡时, 依次按下水泵、压缩机、冷风开关, 这样水泵、压缩机、高低温冷风机组相继投入运转。

(2) 自动控制。

1) 闭合开关, 接通交流 380V 电源, 指示灯 HL1 亮。

2) 压缩机起动。将转换开关 1SA 转到 "A" 自动位置, 低压压力继电器 1LP 的触点接入接触器 1KM 线圈电路, 控制压缩机的起动和停止。将转换开关 4SA 转到 "A" 自动位置, 在自动控制时, 冷却水泵是连续工作的。

将转换开关 SA1 转到 "A" 自动位置, 温度继电器 WK1 接入电磁阀电路, 通过温度来控制制冷剂管路的开闭。当冷库温度降低到规定值时, 温度继电器 WK1 触点断开, 继而中间继电器 K1 线圈断电, 动合触点 K1 断开, 使得电磁阀 YV1 打开, 制动剂停止流动, 压缩机输入端的气压越来越低。当输入端气压下降到低压压力继电器 1LP 的整定值时, 1LP 触点断开, 接触器 1KM 断电释放, 压缩机停止运行。

如果冷库温度升高到温度继电器 WK1 整定值的上限时, WK1 触点闭合, 使得中间继电器 K1 线圈通电, K1 动合触点闭合, 接通电磁阀 YV1, 制冷剂在管道流通汽化, 使压缩机入口压力气压升高, 当气压升高到 1LP 整定值时, 1LP 触点闭合, 从而起动压缩机, 如此循环, 实现自动控制。

5 个冷库供液阀中的任何一个打开后, 中间继电器 K10 线圈通电, K10 动断触点闭合, 压缩机做好起动准备。

温控器 1TW 的触点在正常情况下是动断的。当库内温度达到设定低温要求时, 温控器 1TW 触点断开, 从而使 1KM 断电, 压缩机停止工作。库内温度开始上升, 当库内温度上升到设定温度时, 1TW 又闭合, 达到控制的目的。

压力继电器的高压触点 1HP 在正常情况下是动断的。当制冷剂管路系统发生故障引起高压时才动作。

3) 融霜控制。选择开关 SA3 转到 "A" 位置, 时间继电器 KT2 通电, 经过适当延时动合触点 KT2 闭合, 接触器 6KM 线圈通电, 肉库开始融霜。同时时间继电器 KT1 通电, 动断触点 KT1 经过适当延时后释放, 接触器 6KM 断电, 融霜结束。

4) 压缩机停机。当冷库温度稳定在规定范围内时, 温度继电器 WK1 的触点自动断开, 使电磁阀失电, 关闭制冷剂管路, 导致压缩机停机。这样可使制冷剂的绝大部分被压缩储存在容器内。

5) 水泵停机。当所有冷库的压缩机都停止工作时, 继电器 K1~K5 的动合触点断开, 继电器 K10 断电释放, 从而使时间继电器 KT5 延时释放。经过适当延时后, 继电器 K13 断电释放, 触点 K13 断开, 从而使得水泵电机停转。

综上所述, 在 "自动" 挡时, 整个装置由温度继电器自动控制运转。

(3) 系统的报警与保护。

1) 冷却水压力保护。如果冷却水量不足, 冷凝器就不能把从压缩机出来的高温高压气体液化，将影响制冷效果。采用冷却水压力继电器 WP 控制压缩机的通断。只有当冷却水有足够水压时，压力继电器 WP 触点才接通，压缩机才能起动工作。

2）制冷剂高压压力保护。为防止因故障在压缩机出口端管道内的制冷剂压力过高而引起管道破裂，在压缩机出口端装有高压压力继电器 1HP。当这段管道内压力升高到规定值时，高压继电器 1HP 的触点断开，切断继电器 1K 电源，压缩机停止工作，同时发出声光报警信号。

3）热力保护。每一台电动机都用热继电器 FR 作为过载保护。当压缩机或泵机过载时，热继电器 FR 动断触点断开，接触器 KM 释放，电机停止工作，并发出声光报警。

4）短路保护。熔断器 FU1、FU2 对控制线路实施短路保护。

随着以往采用在制冷装置上配置一些自动化元件和仪表，通过继电器—接触器组成的控制线路实现冷库温度的自动控制，但存在控制柜占地面积大、控制回路接线复杂、故障率高、维修困难、控制精度低等缺点。采用 PLC 取代原有的继电器—接触器控制系统，不仅克服了上述缺点，而且使系统具有故障诊断、状态监测等优点，大大提高了系统的控制性能。

本 章 小 结

根据制冷循环的工作原理，制冷装置主要由蒸发器、压缩机、冷凝器、膨胀阀等组成。现代船舶食物冷库制冷装置已经全部实现了自动化，其电气控制线路主要实现以下功能：

（1）温度的自动调节。温度继电器的感温管置于冷库中，当库温达到调定值的下限时，感温管就会促使继电器的触头断开，切断电磁阀的电路而使阀关闭，由于库温回升至调定值的上限时，温度继电器则将使电磁阀重新开启，于是库温又将下降，实现对库温的双位控制。

（2）压缩机的自动起停和保护。当各冷库的温度都达到设定值的下限时，利用低压继电器来使压缩机停转。当冷库温度逐渐升高后，温度继电器的触头又重新闭合，电磁阀开启，制冷剂流入蒸发器，压缩机的吸入侧压力因而又将逐渐升高，当达到整定值的上限时，低压继电器触头闭合，重新起的压缩机以实现对压缩机的双位控制。

高压继电器是以压缩机的排出压力为信号，并用来直接控制压缩机的电路的。因此，当排出压力超过高压继电器整定的断开压力值时，压缩机便自动停车，直到故障被排除后方能恢复工作。

习　题

6 - 1　简述制冷循环的工作过程。

6 - 2　简述压缩机的自动起停原理。

6 - 3　简单说明热力膨胀阀的功能和工作原理。

6 - 4　在控制电路中，如何实现压缩机的高压保护？

6 - 5　简单说明油压继电器的功能和工作原理。

6 - 6　说明温度继电器、低压继电器和电磁阀是如何配合工作，实现压缩机自动起停控制的。

6 - 7　说明冷风机蒸发器的换热过程。

第七章　船舶空调装置的电气控制

第一节　概　　述

一、主要用途和任务

为了能在舱室内创造适宜的人工气候，以便为船上工作人员提供舒适的工作和生活环境，船上都设有空气调节装置。所谓空气调节，就是对空气进行必要的处理，然后以一定的方式送入舱室，使室内空气的温度、湿度适于工作与生活的需求。例如，在酷热天气下制冷，使室温降低；在寒冷天气下送热，使室温变暖，以保持适宜的室温。空调装置电力拖动主要完成以下任务：

（1）室温高时自动制冷降温。

（2）室温低时自动停止制冷。

（3）寒冷时可加热送暖风。

（4）故障保护。

二、空调系统的组成

空调系统一般由四个主要系统组成：冷、热源系统，空气处理系统，空气输送和分配系统及自动控制系统，各部分的功能如下：

（1）冷、热源系统：冷源是用于空气降温、减湿的制冷装置，常用活塞式和螺杆式制冷机组。热源是指采用蒸汽、热水或电能对空气进行加热、以蒸汽对空气进行加湿的装置，多采用热水作为热源。

（2）空气处理系统：完成对空气的混合、净化、加热、加湿、冷却等任务。

（3）空气输送和分配系统：把经过空调器处理的空气输送和分配到各空调舱室，并将室内的污浊空气排出舱外。

（4）自动控制系统：用于控制舱室温度、湿度及其所需冷、热源的能量供给等。

三、船舶空调系统的类型

船舶空调系统按空气处理设备的集中程度可分为：

（1）集中式系统。由于大中型船舶空调系统的能量规格较大，为减少单个设备的体积会采用独立的冷、热源，如冷水机组、低压蒸汽锅炉等，因此集中式空调器是集中式空调系统的核心设备。集中式空调器是指所有的空气处理设备，包括风机、冷却器、加湿器、加热器、过滤器等都集中在一个空调站内。

（2）半集中式系统。除了有集中空调站外，还有分散在被调舱室内的空气处理设备。这些设备即冷热交换装置，主要是对进入被调舱室之前的由集中处理设备输送来的空气，进行二次处理。

（3）分散式系统。这种空调系统的冷源、热源、空气处理设备和空气输送设备等全部集中在一个箱体内。它本身就是一个紧凑的空调系统，因而不必设有集中空调室。它可以根据需要，安置在被调舱室内，例如：会议室、仪器舱和餐厅等处。

对于水面船舶，大多使用集中式空调系统与分散式空调装置相结合，对全船舱室进行空气调节。集中式空调系统承担了全船绝大部分舱室的热、湿负荷，而分散式空调装置仅承担特殊舱室的空气调节任务。下面以集中式空调器为例讲解空调装置控制线路的工作原理。

第二节　直接蒸发独立式空调装置

一、基本结构

直接蒸发独立式空调装置为整体吸入式（立柜式）船用空调装置。它由半封闭制冷压缩机、卧式壳管式冷凝器、直接式蒸发器、热力膨胀阀、离心通风机、出风静压箱以及电控箱等组成。结构简单，占地面积小，适用性广，安装使用方便，性能可靠。该空调装置安装在船上专用空调机室，该空调装置的出风箱上开有若干出风口，直接接风管，由带余压的风机送至各舱室。在控制上为了保证压缩机及机组的正常运转，配有相应的电气控制保护元件和温度，压力控制元件，当压力过高或过低，温度低于或超过要求的温度时均能自动停机，亦可手动控制。水压控制器与压缩机联锁。风机与压缩机联锁，加湿装置的动作与风机联锁。所以该空调装置自动化程度较高、管理方便、操作简单、安全可靠。其电气控制箱独立安装在空调机室舱壁上。装置系统图如图 7 - 1 所示。

二、设备的工作原理

1. 夏季工况

制冷工质（R22）的低压蒸汽，由压缩机吸气阀吸入。经过压缩机压缩后，成为高温、高压气体，再由排气阀排入冷凝器内，R22 气体在冷凝器中被冷凝成液体，R22 经过干燥过滤器，到膨胀阀节流减压后进入蒸发器，液态制冷剂在蒸发器的低压区内吸取外界热量充分蒸发，使舱室空气得到冷却，再由风机吸入，经过出风口及风管送至所需空调的舱室，如此空气不断地循环流通，周而复始达到降温目的，获得适宜的工作、生活环境。

2. 冬季工况

打开直接蒸发独立式空调装置电控箱上的电加热器加热 1、2、3 挡开关，绕片不锈钢电加热管加热，与空气进行热交换，使空气温度升高，通过风机，送往所需舱室，使舱室内空气的温度逐渐升高，并可根据舱室温度的需要，对电加热 1、2、3 挡进行选择。

3. 加湿

来自副锅炉的蒸汽进入直接蒸发独立式空调装置，经蒸汽过滤器、加湿蒸汽电磁阀、截止阀等进入蒸汽加湿器，蒸汽加湿器安装于该空调装置内，直接喷蒸汽对空气进行加湿。❶

直接蒸发独立式空调装置流程框图如图 7 - 2 所示。

三、设备的电气控制线路

某型直接蒸发独立式空调装置电气控制箱如图 7 - 3 所示，其电气原理图如图 7 - 4 所示。

---

❶　蒸汽过滤器、加湿蒸汽电磁阀和截止阀安装于系统蒸汽管路。

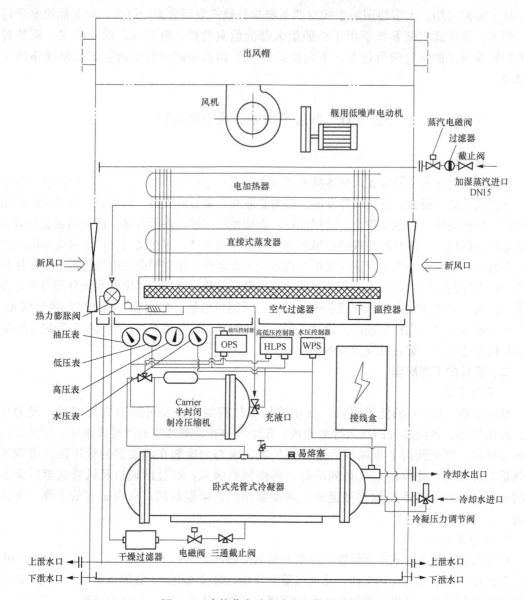

图 7-1　直接蒸发独立式空调装置系统图

1. 供电部分

第一次试用时，请按原理图接线，并检查线路，然后闭合自动空气开关 Q 供电，HL 灯亮（乳白色）。

2. 设备的电气控制部分

第一次试用时，请按原理图检查线路，无误后按"风机起动"按钮 1SB、使 1KM 工作，风机 1M 运转，"风机运行"指示灯 1HL 灯亮（绿色）。

（1）在夏季工况：用户设定温度后，先将"滑油加热器"主令开关 6SA 置于"开"的位置（指示灯亮）；并将"控制选择开关"主令开关 7SA 置于自动控制的位置，然后将"压缩机"主令开关 1SA 置于"开"的位置，压缩机 2KM 工作，压缩机 2M 运转，供液电磁阀

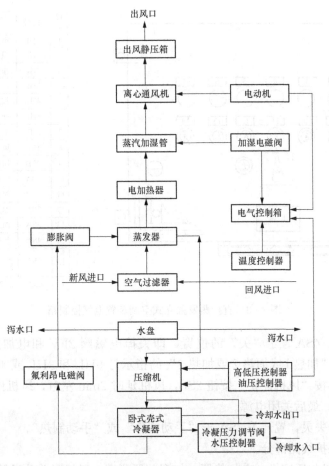

图 7-2　直接蒸发独立式空调装置流程图

1FV 打开，"压缩机运行"指示灯 2HL 灯亮（绿色），由温度控制器 1θ 自动控制压缩机开或停。

在停止使用空调装置时，将"压缩机"主令开关 1SA 置于"关"的位置，"压缩机运行"指示灯 2HL 熄灭，压缩机停，再按"风机停止"按钮 2SB，风机延时 1min 左右，风机停止，"风机运行"指示灯 1HL 熄灭，将"滑油加热器"主令开关 6SA 置于"关"的位置（指示灯熄灭），最后关闭电源。

（2）在冬季工况：用户设定温度后，启按"风机起动"按钮 1SB，使 1KM 工作，风机 1M 运转，"风机运行"指示灯 1HL 灯亮（绿色）。将"加热 1 或加热 2 或加热 3"主令开关 2SA 或 3SA 或 4SA 置于"开"的位置（15kW 电加热分三挡），对应的 3KM 或 4KM 或 5KM 接通，电加热器 1EH、2EH、3EH 工作，"加热 1 或加热 2 或加热 3"指示灯 3HL 或 4HL 或 5HL 灯亮（绿色），每组电加热器为 5kW。根据气温选择电加热器的挡数。电加热器由温度控制器 1θ 控制。

根据湿度需要，操纵"加湿"主令开关 5SA 置于"开"的位置，"加湿"指示灯 6HL 灯亮，加湿电磁 2FV 打开。

在冬季停止使用空调装置时，先将"加湿"和"加热 1 或加热 2 或加热 3"的主令开关

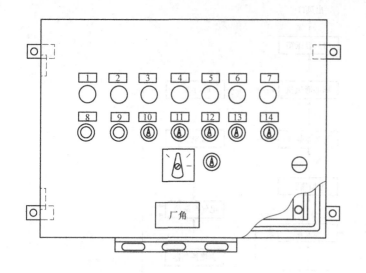

序号	代号	标牌名称
1	1HL	电源
2	1HL	风机运行
3	2HL	压缩机运行
4	3HL	加热1
5	4HL	加热2
6	5HL	加热3
7	6HL	加湿
8	1SB	风机启动
9	2SB	风机停止
10	1SA	压缩机关——开
11	5SB	加湿关——开
12	2SA	加热1关——开
13	3SA	加热2关——开
14	4SA	加热3关——开
15	7SA	控制方式选择　45°停　0°自动控制　45°手动制冷　90°手动制热
16	6SA	滑油加热器　关——开

图 7-3　直接蒸发独立式空调装置电气控制箱

5SA、2SA、3SA、4SA 置于"关"的位置，即关掉电磁阀 2FV 和电加热器 1EH、2EH、3EH，"加湿"和"加热1或加热2或加热3"的指示灯 6HL 和 3HL 或 4HL 或 5HL 熄灭，再按风机的停止再按"风机停止"按钮 2SB，风机延时 2min 左右，风机停止，"风机运行"指示灯 1HL 熄灭，最后关闭电源。

当温度控制器失灵，置开关 7SA 于"手动制冷"或"手动制热"。

（3）设备的保护线路部分。

1）设备的风机与压缩机、电加热器、加湿装置联锁。风机可单独运转。

2）设备的水压控制器与压缩机联锁。

3）风机有过载保护，压缩机有过载和高、低压和油压保护。压缩机过载和压缩机压力过高、过低、空调装置的风机或压缩机停止工作。

4）电加热器有短路保护和超温保护。

四、设备的操作使用

1. 夏季工况

当外界气温高于 29℃时，本空调装置投入制冷运行，对被调空气进行冷却与去湿。

（1）设备的操作步骤。

1）打开本设备冷却水管路上专用的进、出水阀。

2）观察冷却水进水压力表，进水压力须大于 0.06MPa 方可开机。

3）接通本设备电控箱的电源。

4）将压缩机的滑油加热器开关置于"开"的位置，让润滑油预热几分钟后开压缩机，开机后滑油加热器自动断开。

5）将转换开关置于"（温度）自动控制或手动制冷"的位置。

6）起动风机。

7）打开制冷压缩机上的吸、排气阀以及冷凝器的出液阀。

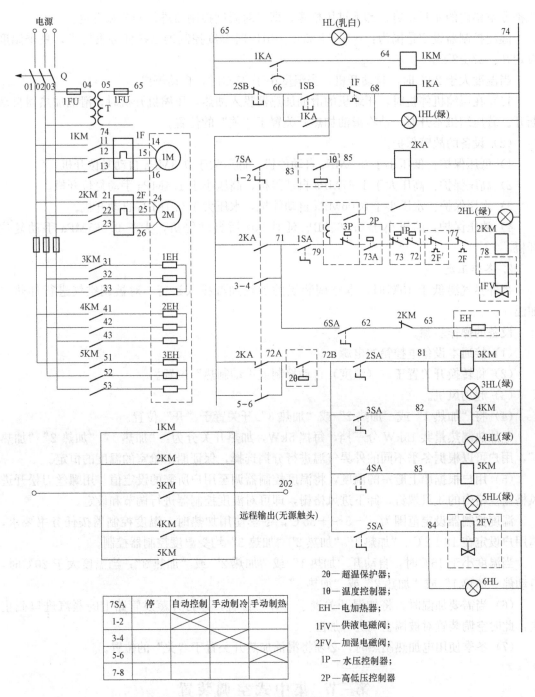

图 7-4　直接蒸发独立式空调装置电气原理图

8）将压缩机开关置于"开"的位置，压缩机运行。

9）压缩机运行后，观察本空调装置上的高、低压压力表。正常工作时，高压压力为：1.4MPa 左右，低压压力为 0.5MPa 左右，油压差在 0.065MPa 以上。

10）用户根据船上舱室的温度，将温度控制器调至用户所需的设定值。用螺丝刀松开进风格栅空格内的 4 只螺钉，卸下进风格栅，即可对温度控制器进行调节和设定。

温度控制器设定范围为：−5～+35℃。出厂时温度控制器已按任务书要求，夏季温度设定在：27±2℃。

当温度大于 29℃时，自动开机；当温度小于 25℃时，自动停机。

11）在压缩机停机时，压缩机的滑油加热器投入加热，压缩机开机时，滑油加热器自动断开。若压缩机不开时，请将滑油加热开关置于"关"的位置。

（2）设备的故障保护。

1）低压保护：低压小于 0.2MPa 自动停机，低压大于 0.3MPa 自动复位开机。

2）高压保护：高压大于 1.67MPa 自动停机，高压小于 1.4MPa 手动复位开机。

3）水压保护：水压小于 0.06MPa 自动停机，水压大于 0.1MPa 自动开机。

4）油压保护：油压小于 0.065MPa 延时 90s 后自动停机，大于 0.065MPa 手动复位开机。

2. 冬季工况

当外界气温低于 10℃时，本空调装置的加热加湿投入运行，对被调空气进行加热与加温。

设备的操作步骤。

（1）接通本设备电控箱的电源。

（2）将转换开关置于"（温度）自动控制或手动制热"位置。

（3）起动风机。

（4）将"加热 1"或"加热 2"或"加热 3"开关置于"开"位置。

电加热制热量共 15kW 分三挡，每挡 5kW，加热开关分为："加热 1""加热 2""加热 3"，用户可以根据冬季不同的外界气温进行分挡选择，保证船上舱室的温度的恒定。

（5）用户根据船上舱室的温度，将温度控制器调至用户所需的设定值。用螺丝刀松开进风格栅空格内的 4 只螺钉，卸下进风格栅，即可对温度控制器进行调节和设定。

温度控制器设定范围为：−5～+35℃，冬季使用加热时，温度控制器按任务书要求，请用户设定在 18±2℃。"加热 1""加热 2""加热 3"均受温度控制器控制。

当温度小于 16℃时，自动开"加热 1"或"加热 2"或"加热 3"；当温度大于 20℃时，自动停"加热 1"或"加热 2"或"加热 3"

（6）当需要加湿时，将加湿开关置于"开"位置，并打开蒸发管路上的蒸汽进口截止阀，此时空调装置对被调空气进行加湿。

（7）冬季使用电加热制热时，必须将滑油加热开关置于"关"的位置。

第三节　集中式空调装置

一、组成及原理

集中式空调器的结构为组合式框架结构，采用间接冷却/加热方式，并能够对干蒸汽直接加湿。各主要部件分段组装成一体，电气控制箱、冷媒水关系及蒸汽管系均与空调器组装成一体，并安装在一个公共底架上。空调器适用于单管无再热的空调系统，所有的热湿交换空气处理集中在空调装置内完成，处理好的空气通过风管、末端布风器送往船上各舱室。按照空调器的工作原理，可以分为空调工况和通风工况，夏季制冷是以 8℃冷媒水为制冷介质，冬季是以 45℃热水为制热介质，0.3MPa 饱和蒸汽为加湿介质。

1. 空调工况

（1）夏季工况。来自冷水机组的冷媒水经冷媒水管系进行空气热交换器，被处理的空气流过空气热交换器时进行湿热交换。冷媒水水量可自动比例调节，由温度传感器检测回风温度，模拟输入数字式控制器，数字式控制把模拟信号输出给电动三通调节阀，根据回风温度的高低，自动比例调节进入空气热交换器的冷媒水水量，从而使船上各舱室的温度保持在所要求的范围内。

（2）冬季工况。冬季加热水管跟夏季冷媒水管系共用，来自锅炉的热水经过冷媒水管系进入空气热交换器，被处理的空气流过空气热交换器时进行热交换，由温度传感器检测回风温度，模拟输入数字式控制器，数字式控制器把模拟信号输出给三通电动调节阀，根据回风温度的高低，自动比例调节进入空气热交换器的热水流量。来自锅炉的蒸汽经蒸汽加湿管系进入加湿器，被处理的空气经空气热交换器加热后再进行等温加湿。由湿度传感器检测回风湿度，模拟输入数字式控制器，数字式控制器把模拟信号输出给蒸汽电磁阀，根据回风湿度的大小，自动调节电磁阀开启，喷射的是饱和干蒸汽，从而使船上各舱室的温、湿度保持在所要求的范围内。

2. 通风工况

当船上的舱室既不需要冷却，也不需要加热时，集中式空调器可作为通风用。按要求的新回风调节新回风的阀门，使新风满足通风工况使用要求。

二、空调装置电气控制实例

（一）线路简介

如图 7-5 所示为 TMU（W）-2.5 型船用集中式空调器控制装置电气原理图，该控制装置主要实现空调的通风、冷调、暖调、加湿运行以及各种运行保护功能，如过载保护、电源过/欠压/缺相保护、短路保护、滤网压差异常保护。从图 7-5 中可见，整个装置主要包括风机 M，多功能控制器 THC，电动调节阀 DV，温、湿度传感器 THS，加湿电磁阀和控制风机运行、保护的各种接触器、继电器以及运行状态指示灯等。风机 M 是直接起动的。

（二）控制线路工作原理

1. 通风控制

（1）风机起动。合上电源自动空气开关 QF，若电源状况正常，触头 K 闭合，控制线路通过变压器 TC1 得到电源，电源指示灯 HL1 亮，为风机运行做准备。万能转换开关 SA1 调至通风位置，旋钮开关 SS2 调至正常工作位置，SS1 调至加热器开位置，电机空间加热器 RF 工作，指示灯 HL2 亮，为电动机加热除湿。按下起动按钮 SB1，接触器 KM 的线圈通电，其动合触头 KM2 闭合自保，动断触头 KM3 断开，电机空间加热器停止工作，主电路接触器 KM1 闭合，电动机 M 起动运行，风机运行指示灯 HL3 亮。

（2）风机停机。按下停机按钮 SB2，接触器 KM 的线圈失电，主电路接触器 KM1 断开，电动机停止运行。

2. 制冷控制

万能转换开关 SA1 调至制冷位置，多功能控制器 THC 通过变压器 TC2 得到电源，控制器电源指示灯 HL8 亮，同时 THC 的 Y1 端口接至电动调节阀 DV，THC 根据温湿度传感

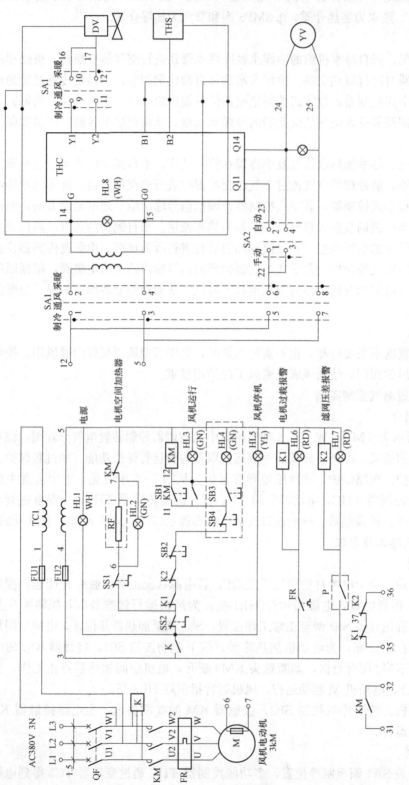

图 7 - 5　集中式空调器电气原理图

器 THS 的输入信号通过 DV 实现冷调控制。

3. 采暖控制

万能转换开关 SA1 调至采暖位置，多功能控制器 THC 通过变压器 TC2 得到电源，控制器电源指示灯 HL8 亮，同时 THC 的 Y2 端口接至电动调节阀 DV，THC 根据温度传感器 THS 的输入信号通过 DV 实现暖调控制。在采暖工况下，无论万能转换开关 SA1 置于自动位置还是手动位置，加湿电磁阀 YV 都得到供电，指示灯 HL9 亮，若置于手动位置，需手动调节加湿电磁阀 YV 以调节室内湿度；若置于自动位置，则根据温湿度传感器 THS 的输入信号通过 THC 自动控制加湿电磁阀 YV 调节室内湿度。

（三）系统的报警与保护

1. 电机过载报警、保护

如果电机过载，电机绕组电流过大，热继电器 FR 动作，执行开关闭合，电机过载报警指示灯 HL6 亮，发出报警信号，同时中间继电器 K1 通电，其动断触头 K1 断开，使交流接触器 KM 失电，主开关断开，电动机停机。

2. 滤网压差报警、保护

若滤网压差异常，则压差开关 P 闭合，电机滤网压差报警指示灯 HL7 亮，发出报警信号，同时中间继电器 K2 通电，其动断触头 K2 断开，使交流接触器 KM 失电，主开关断开，电动机停机。

3. 电机过压、欠压、缺相保护

若电源出现过压、欠压、缺相情况之一，则电源过压、欠压、缺相保护器动作，其动合触头闭合，继电器 KM 失电，主开关断开，电机停机。同时电源过压、欠压、缺相保护器动作，K1 断开，风机运行指示灯 HL3 失电熄灭。

4. 短路保护

熔断器 FU1 对风机电机 M 实施短路保护；熔断器 FU2 对控制线路实施短路保护。

三、系统的操作使用

（一）夏季工况

当外界气温高于 27℃时，船上的冷水机组投入运行，使用本空调器的空气热交换器对船上各舱室进行冷却和除湿。操作程序如下：

（1）打开冷媒水管路上的进、出水阀（放水阀须关闭），通入冷媒水，并检查冷媒水的温度和压力。

注意：空调器首次和隔年使用时，应注意对空气热交换器及冷媒水管路进行放气，放气完成后才可投入正常运行。

（2）接通电源。打开电气控制箱门，电源由自动开关 QF 控制，合上开关，电源指示灯（白）亮。

（3）选择开关旋至"空调（夏季）工况"。

（4）起动风机。按动"风机起动"按钮开关，风机磁力运行，风机运行指示灯（绿）亮。

（5）用户可根据船上舱室的温度，将温度控制器调节至用户所需要的设定值，夏季回风温度一般设定为 27±2℃，其中数字式控制器的温度范围为：−30～+110℃。

当回风温度大于温度控制器上的设定温度时，冷媒水电动三通调节阀的阀杆向下运行，将三通阀的旁通逐渐关闭，此时进入空气冷却器的冷媒水量逐渐增多，出风温度逐渐降低，至三通阀的下始点时，三通阀的旁通全部关闭，冷媒水量最大，出风温度相对最低。

反之，当回风温度小于温度控制器上的设定温度时，冷媒水电动三通调节阀的阀杆向上运行，将三通阀的旁通逐渐打开，此时进入空气冷却器的冷媒水量逐渐减少，出风温度逐渐升高，至三通阀的上始点时，三通阀的旁通全部打开，热交换器无冷媒水通入。

当回风温度处于温度控制器上的设定温度范围内，冷媒水电动三通调节阀的阀杆置于中间任意位置，此时出风温度保持在所要求的范围内。

（6）停机。按动"风机停机"按钮开关，风机停止，风机运行指示灯（绿）暗。

注意：空调器不使用时，应关闭电源的自动开关和所有冷媒水管路上的进、出水阀。

（二）冬季工况

当外界气温低于10℃时，船上的锅炉投入运行，使用本空调器的空气热交换器和加湿器进行加热和加湿。操作程序如下：

1. 加热

（1）打开热水管系（冷媒水管系）上的进出水阀（所有手动旁通阀须关闭），通入45℃热水，并检查热水压力。

注意：空调器首次和隔年使用加热时，均必须打开空气热交换器和泄放螺塞，进行放气，放气完成后加热方可投入正常运行。

（2）接通电源。打开电气控制箱门，电源由自动开关Q控制，合上开关，电源指示灯（白）亮。

（3）选择开关旋至"加热"（冬季工况）。

（4）起动风机。按动"风机起动"按钮开关，风机磁力运行，风机运行指示灯（绿）亮。

（5）用户可根据船上舱室的温度，将温度控制器调至用户所需要的设定值，冬季回风温度一般设定为20℃±2℃。

当回风温度小于温度控制器上的设定温度时，电动调节阀的阀杆向下运行，将三通阀的旁通关闭，此时进入空气加热器的热水量逐渐增多，出风温度逐渐升高，至调节阀的上始点时，三通阀旁通全部关闭，热水量最大，出风温度最高。

反之，当回风温度大于温度控制器上的设定温度时，电动调节阀的阀杆向上运行，将三通阀的旁通逐渐打开，将调节阀逐渐关闭，此时进入空气热交换器的热水量逐渐减少，出风温度逐渐降低，至调节阀的上始点时，三通阀旁通全部打开，热交换器无热水通入。

当出风温度处于温度控制器上的设定温度范围内，电动调节阀的阀杆置于中间任意位置，此时回风温度保持在所要求的范围内。

2. 加湿

（1）当空调器需要加湿时，将冬季加湿开关旋至"加湿"，加湿指示灯（绿）亮，蒸汽电磁阀打开，通入加湿蒸汽。蒸汽电磁阀与风机是联锁的。

（2）用户可根据船上舱室的相对湿度，将湿度控制器调节至用户所需要的设定值，冬季加湿的相对湿度一般设定为50%±10%，其中湿度控制器的相对湿度范围为35%～65%。

当回风相对湿度小于湿度控制器上的设定相对湿度，加湿器蒸汽电磁阀打开，通入饱和干蒸汽，出风相对湿度逐渐升高，逐渐达到设定值。

　　反之，当回风相对湿度大于湿度控制器上的设定相对湿度，加湿器蒸汽电磁阀关闭，加湿器无蒸汽通入。

　　当回风相对湿度处于湿度控制器上的设定相对湿度范围内，加湿器蒸汽电磁阀处于关闭状态。

　　3. 停机

　　(1) 先将冬季加湿开关切断，蒸汽电磁阀关闭；然后将蒸汽针型阀关闭。

　　(2) 待离心通风机运转几分钟后，按动"风机停止"按钮开关，风机停止，风机磁力运行指示灯（绿）暗。

　　注意：空调器不使用时，应关闭电源的自动开关及蒸汽管路上的蒸汽进口阀和热水管路上的进出水阀，在冬季时，一定要先把空气热交换器中的积水放干净。

　　空调（夏季，冬季）工况的所有进口自动控制阀件均设有旁通阀或手动调节。

本章小结

　　本章介绍了船舶常用的独立式空调装置和集中式空调装置，分别介绍了每种空调装置的组成、工作原理、应用实例及操作使用。

　　空气调节装置用于对船舶舱室空气进行处理和调节，使其温度、湿度、清新度等达到适合于人员居住或特种电子及武器装备所需要的环境。

　　船舶冷水机组是当前大中型船舶空调系统的主要冷源，而空调装置的热源大多采用水蒸汽或热水锅炉。

习　题

　　7-1　船舶冷藏装置的组成包括哪几部分？

　　7-2　简述船舶冷藏装置的工作原理。

　　7-3　船舶冷藏装置实现自动化操作需要满足的要求有哪些？

　　7-4　空调装置的组成包括哪几部分？

　　7-5　空调装置的冷源设备通常采用什么装置？用途是什么？

　　7-6　空调装置的热源设备通常采用什么装置？用途是什么？

　　7-7　简述集中式空调器夏季空调工况下的工作原理。

　　7-8　简单介绍集中式空调器电气控制线路的组成。

　　7-9　分析集中式空调器的电气控制线路如何实现制冷。

第八章　船舶海水淡化装置的电气控制

　　船舶每天都需要消耗相当数量的淡水，以满足船员及各个机械装置的需要，包括锅炉用补给水、柴油机冷却水、饮用水、洗涤水及其他用水。为了减少淡水舱容，船舶一般不宜携带过多的淡水，而是设有专门的海水淡化装置（造水机）来制造淡水，以满足船舶对淡水的需求。

　　海水淡化技术种类很多，有蒸馏法（多级闪蒸、多效蒸馏、压汽蒸馏等）、膜法（反渗透、电渗析、膜蒸发等）、离子交换法、冷冻法等。目前，船用海水淡化大多采用蒸馏式的制淡装置，某些缺少合适热能的作业船等有采用电渗析式的制淡装置，此外，在船舶上广泛应用的还有反渗透式的海水淡化装置。

第一节　反渗透海水淡化装置工作原理

一、反渗透

　　反渗透是自然界渗透现象的逆过程，也是一种膜分离技术。其基本原理是利用只允许溶剂透过、不允许溶质透过的半透膜，将海水与淡水分隔开。1960 年美国加利福尼亚大学的学者研制出第一张可实用的反渗透膜，标志着现代膜科学技术的诞生。其工作原理如图 8-1 所示。

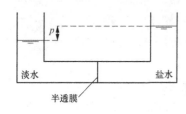

图 8-1　反渗透原理图

　　连通管中部隔有一个特制的渗透膜，如果在盐水侧对液体施加一压力 p，当压力 p 大于渗透压 H 时，盐水中的水分子将通过渗透膜进入淡水侧，而溶质仍被渗透膜隔离于盐水侧。致使盐水浓度加大，这个过程称为反渗透。为使反渗透装置正常运行，盐水侧的压力必须高于渗透压 H，一般情况下 p 在 $4\sim7\text{MPa}$ 范围内。

　　反渗透技术具有无相变、组件化、流程简单、操作方便、占地面积小、投资省、耗电低等优点，发展十分迅速，已经取代了多级闪蒸而成为淡化市场的主导，新造船舶或旧船上的更新换代海水淡化装置都已倾向于选用反渗透式的海水淡化装置。

二、船舶反渗透海水淡化装置工艺流程

　　如图 8-2 所示为一典型的船舶反渗透海水淡化装置工艺流程简图，反渗透流程中有几个重要环节：取水、预处理、反渗透和后处理。

　　取水是海水淡化的首要工作，其目的是保证连续供应水质相对稳定的充足水源；预处理的主要作用和目的是消除原水中含有的悬浮物、胶体、颗粒、细菌以及藻类微生物，使进水浊度、污泥指数等指标达到设计要求；反渗透海水淡化就是以上所说的以压力作为驱动力的膜分离过程；后处理即是对反渗透出水进行 pH 值调节、常规消毒等后处理，使出水达到规定指标。

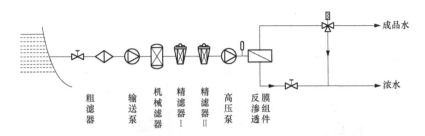

图 8-2 船舶反渗透海水淡化装置工艺流程简图

图 8-2 所反映的工艺流程具有以下特点：

（1）系统优化匹配与配置。所有设备包括管线、仪表、泵阀、容器的过流部分均采用耐海水腐蚀的材料，对关键部件如反渗透膜元件、高压柱塞泵等工艺设备进行合理选型匹配和优化配置。

（2）系统采用高可靠性模块化设计。采用模块化设计理念，把整套装置分成预处理、反渗透主机、智能化控制等模块，实现了装置体积紧凑性，以便设备安装、维修保养和操作管理，也减少了占据机舱有限的空间，满足船舶对海水淡化装置的综合需求。

（3）采用隔振降噪措施降低装置噪声。为了降低反渗透装置运行过程中产生振动和噪声，设计时采取了以下措施：高、低压管路采用耐压耐海水腐蚀的非金属软管，这样还可以方便安装和维修保养，更易于实现装置结构体积紧凑性；采取有效隔音减振措施，对高压泵和整台机组的底脚加装减震垫圈，同时也能缓解海浪冲击和船舶的振荡。

三、反渗透海水淡化装置原理接线图实例

如图 8-3 所示是某船 MFIA05 型反渗透海水淡化装置实物图，装置由位于装置背部的清洗箱、反渗透膜、海水增压泵、过滤器、高压泵以及缓冲器等组成。反渗透海水淡化装置电气控制原理如图 8-4 所示。

图 8-3 MFIA05 型反渗透海水淡化装置

1. 控制系统简介

M1：增压泵电机，M2：高压泵电机。

1FU~10FU：熔断器，对电路进行短路保护。

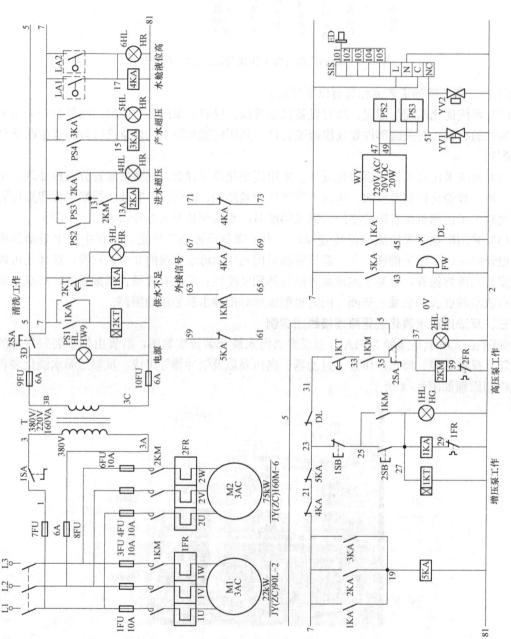

图 8 - 4　反渗透海水淡化装置原理接线图

1FR、2FR：热继电器，对电机实现过载保护。

1SA、2SA：旋钮开关。

1SB：停止按钮，2SB：接通按钮。

T：变压器。

HL、1HL～6HL：指示灯。其中 HW 表示白灯，HR 表示红灯，HG 表示绿灯。

PS1～PS4：压力开关，当压力达到设定值的时候开关动作。

LA1、LA2：液位传感器，用来感受液面的高低。

1KT、2KT：时间继电器，接收信号之后延迟一定时间，执行元件再动作。

1KA～5KA：中间继电器，实质上就是电压继电器，只用于中间控制，动作值无须整定。

1KM、2KM：交流接触器。激磁线圈上电或断电，主触头和辅助触头就会相应动作。

其他还包括：稳压电源 WY、盐量计 SIS、盐量传感器 ED、电磁阀 YV1 和 YV2、蜂鸣器 FM 以及多路阀 DL 等元件。

2. 控制电路分析

起动时，先闭合主电路开关，转动旋转开关 1SA，此时经变压器 T 使控制电路上电，电源指示灯 HL 亮。旋转开关 2SA 可以分别接通点 5 和点 7，若开关接通至点 5，装置进入"清洗"状态，若接通至点 7，装置为"工作"状态，如图 8-4 中所示，当前为"工作"状态。

按下 2SB，则接触器 1KM 通电，其主触头闭合，增压泵电机 M1 上电工作，指示灯 1HL 变亮。1KM 的辅助触头同时也闭合，此时点 25 和点 27 之间的辅助触头实现了线路的自锁。时间继电器 1KT 也由于开关 2SB 的闭合而上电，经过一定的延迟时间，接通点 31 和点 33，接触器 2KM 通电，使高压泵电机 M2 线路上的主触头闭合，M2 上电工作，同时指示灯 2HL 变亮。从此分析过程可知，增压泵电机是先起动的。

如果出现"供水不足"，压力开关 PS1 接通，时间继电器 2KT 通电，经过一定的延迟时间，点 7 和点 11 之间的触头接通，中间继电器 1KA 通电，同时指示灯 3HL 变亮，表示当前的"供水不足"状况。由于继电器 1KA 的通电，点 7 和点 9 之间也实现了自锁。继电器 5KA 通电，导致蜂鸣器通电，发出报警声。点 21 和点 23 之间由于继电器 5KA 的动作而断路，这就造成了增压泵电机 M1 和高压泵电机 M2 的控制线路断电，从而接触器 1KM 和 2KM 的主触头断开，两电机都脱离电源而停转。

如果出现"进水超压"，压力开关 PS2 或者 PS3 接通，继电器 2KA 通电，点 7 和点 13 之间实现自锁，同时指示灯 4HL 变亮，表示当前的"进水超压"状况。继电器 5KA 通电，电铃也通电，发出报警声。最终增压泵电机 M1 和高压泵电机 M2 停转。

如果出现"产水超压"，压力开关 PS4 接通，继电器 3KA 通电，点 7 和 15 之间实现自锁，同时指示灯 5HL 变亮，表示当前的"产水超压"状况，此时电铃发出报警声，增压泵电机 M1 和高压泵电机 M2 停转。

如果出现"水舱液位高"，液位传感器 LA1 或 LA2 会动作，接通点 7 和点 17，继电器 4KA 通电，同时指示灯 6HL 变亮，表示当前的"水舱液位高"状况。继电器 4KA 的动作造成点 7 与点 21 之间断电，同上面的分析，增压泵电机 M1 和高压泵电机 M2 会脱离电源而停转。

第二节　船舶海水淡化装置的电气控制技术

一、水泵控制反渗透膜工作压力的调节

反渗透膜是海水淡化装置的心脏，避免超流量、超压力对膜组件的冲击十分重要，由中央微处理器控制电动调压阀调节反渗透膜的工作压力。工作时根据淡水流量的反馈信号，通过微处理器的指令改变阀的流通面积以调节控制反渗透膜的工作压力。

二、水泵控制

在海水淡化装置中各水泵的运行都为各自独立的水系统，因而在电气控制上相对简化。目前船舶海水淡化装置上最大的工作水泵不超过 22kW，在电气电力负荷允许下各泵一般都直接起停，在主回路上选用相配的空气断路器和热过载加以保护。

三、保护单元

1. 高、低压保护

高压泵和膜元件是反渗透装置的两个核心部件，为了保护高压泵和膜元件，在高压泵前设置低压保护器、高压泵后设置高压保护器。起动海水输送泵压力正常后高压泵自动起动，当供水量不足引起高压泵进水压力低于设定值时，低压报警系统自动停机，保护了高压泵不至空载而损坏；当因误操作或其他原因使反渗透的出口压力超过设定值时，高压控制器高压报警系统自动停机，保护了高压泵、反渗透膜组和高压管路上的其他元件。

2. 淡水输出超压保护

在产淡水管路上设置超压保护器，当淡水输出压力高于设定值时，装置发出超压报警信号并自动停机，一方面可以保护低压纯水管路系统，另一方面可以防止淡水管路受压而损坏反渗透膜组及影响反渗透装置的产水量。

3. 淡水水质自动监测保护

盐度计应用导电原理，通过电极传感器测量水中含盐量的大小。

安装在水泵出口处的传感器，当水质超过要求的标准水质值时，盐度计表内一副报警触点输出，接通中间继电器的电路，中间继电器触点接通打开不合格水电磁阀，将水排放到船舶外，并声光报警。

四、淡水产量的自动调节

反渗透海水淡化装置的淡水产量取决于反渗透膜的工作压力、海水含盐量和海水温度。淡水产量随工作压力增高而增加，随海水含盐量的增加而减小，海水温度每降低 1℃，淡水产量降低约 3%。海水含盐量和温度在不同的季节和海域变化较大，装置的淡水产量也不断变化。为了保证装置在不同海区和季节下淡水产量的稳定，工作时根据淡水流量的反馈信号，通过微处理器的指令改变电动调节阀的开度以调节膜的工作压力。当装置产水量偏低时，流量传感器发送信号到微处理器，浓水管路上电动调压阀适度关小开度以增加反渗透膜的工作压力（工作压力≤6.5MPa），提高淡水产量；当装置产水量偏高时，流量传感器发送信号到单片微处理器，浓水管路上电动调压阀适当调大开度以降低膜的工作压力，减小淡水流量直到设计值。

五、饮水处理光照强度仪的控制

船舶上饮用水可以利用紫外线来杀菌。紫外灯光照的强弱由日盲管接收信号传输到光照

强度仪表上。当紫外灯良好或石英玻璃管干净、透光度高时，淡水在石英管周围自下进入流向上面出口，紫外线孔会杀死水中的细菌。一旦紫外灯熄灭或石英玻璃管污染严重，阻碍紫外线探头的测量，光照强度仪表就会发出警报，电磁阀就会切断进口水源。

第三节　海水淡化装置的使用与保养

一、海水淡化装置运行的操作要求
（1）定时观察各过滤器进出口压差，压差过大时要及时进行反洗。
（2）定时分析过滤器出水污染指数，污染指数过高时要及时倒过滤器。
（3）定时检查高压泵出口压力，压力过高时要及时检查原因。
（4）若一次水温度较低，为了提高淡水产量，可以增设换热器调节一次水温度。

二、海水淡化装置的维护保养
（1）反渗透膜的清洗。当反渗透膜污染严重时，必须对其进行清洗，以确保装置的正常运行。通常，根据反渗透膜运行污染的情况，配制一定浓度的特定清洗溶液，清除反渗透膜中的污染物质，以恢复膜的特性。另外，还要利用冲洗系统将反渗透脱盐水置换反渗透膜中停机后滞留的浓水，防止浓水侧亚稳态的结构物质出现结垢现象，从而保护反渗透膜。

（2）盐度计的维护。盐度计一般采用电阻式，利用淡化水的导电性来测定含盐量。若盐度计的测量电极上有结盐就会误报警，所以通常要放在热淡水中浸洗，防止铂铑电极表面涂层损坏。盐度计每月试验一次，检查设定值及盐度计工作是否正常，因水温高低会影响盐度计电极的输出值，为此在盐度计的面板上设有温度修正钮，使用时选择与凝水温度相近的值。

（3）玻璃钢管道的安全运行。海水淡化系统中玻璃钢管道较多，玻璃钢管道在运行中如振动过大、压力不平稳升高或降低以及压力过高，会导致玻璃钢管道破损，影响设备的安全稳定运行。在操作过程中尽量排空管道内的空气，开关阀门时应缓慢进行。另外避免系统严重"憋压"运行，这样才能使玻璃钢管道安全稳定运行。

（4）装置的停运。当船舶航行靠近港口、码头或河口时，海水淡化装置应停止运行，因为在这些地方的海水可能被细菌污染，而对所造的淡水不利。

本 章 小 结

海水淡化装置是从海水中制取淡水的装置，制取淡水的方法有很多种，船舶上常用的是蒸馏法和反渗透法。

（1）蒸馏法。将海水加热蒸发成蒸汽，再将蒸汽引入冷凝器中冷凝，以获取蒸馏水。

（2）反渗透法。将海水加压到水的渗透压以上，使其通过半渗透膜，利用反渗透原理使海水中的淡水反渗透出来，本章主要介绍此种方法。

高压泵和膜元件是反渗透装置的两个核心部件。高压泵产生反渗透所需的高压，工作压力一般在 $5.5\sim7.0\,\mathrm{MPa}$。高压泵采用三柱塞式往复泵，输出压力有较大波动，因此采用缓冲器来吸收和平滑这种波动，从而使进入反渗透膜的进水压力达到较平稳的状态。

习 题

8-1 海水淡化装置常用的制取淡水方法有哪些?

8-2 简述反渗透式海水淡化装置的工作原理。

8-3 简述船舶反渗透海水淡化装置的工艺流程步骤。

8-4 根据海水淡化装置的电气控制线路图,说明增压泵的保护单元有哪些?

8-5 海水淡化装置开机和关机时,简述各泵的操作顺序。

第九章　船舶锚机的电气控制

　　船舶拖曳机械包括锚机、系缆机和拖缆机三大类型。拖曳机械是保证船舶在海上和基地内安全停泊，以及在必要时拖曳其他船舶或设备所必须的辅助机械。

　　对于一般船舶，起锚系缆装置安装在船首，作为起锚和系缆用，称为锚机。在尾部则装有专用于绞缆的机械，称为绞车或系缆机。这些机械的控制原理基本相同。下面以船用锚机为例进行装置原理和操作的介绍。

第一节　锚机工作简介

　　为了船舶在海水锚泊，船舶上都装有锚设备。锚设备是船上锚、锚链等锚具及其收放设备的总称，该设备通常由锚、锚链、锚链筒、制链器和锚机等组成。利用锚机收放锚和锚链，还能收放缆，即系缆。所以要求锚机工作安全可靠，能正反转，能可靠制动，并具有足够大的功率和输出扭矩。锚机按照驱动形式可分为手动、蒸汽、电动和液压。本节首先介绍锚机的起抛锚过程及对锚机的性能要求。

一、锚机的工作状态

（一）正常起锚过程

　　正常的起锚过程按锚机拉力变化可分为如下几个阶段，如图9-1所示。

1. 第一阶段

　　收起躺在海底的锚链 L_0。在此阶段，船舶在拉力作用下慢慢接近抛锚点，锚链悬链线形状不变，仅做平行移动。由于外力不变，悬链线形状不变，故 G_1 不变，因此锚孔处锚链拉力在整个阶段均不变。锚机发出的拉力与此力平衡。

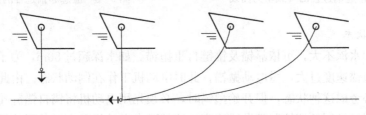

图9-1　正常起锚过程

2. 第二阶段

　　收紧锚链。此时锚爪紧紧抓住锚地泥土或石块，锚机将锚链拉紧，悬链形状改变，船舶在此力作用下前进，锚链拉力不断增大，由 T_I 到 T_{II}。

3. 第三阶段

　　拔锚出土。在锚链拉紧成垂直状态后，一般靠船舶惯性拔锚出上。若锚仍不能拔出土，电动机就发生堵转。为防止电动机因堵转而烧毁，要求它具有软的下垂机械特性，堵转转矩等于两倍额定转矩左右。为避免堵转时间太长，船舶要慢速前进，靠推进器力量拔锚出土。

这一阶段的拉力变化是很难计算的，它受海底土质、锚抓土深度等因素影响。通常按经验取为锚重两倍，并考虑锚及锚链重量。

4. 第四阶段

收起悬挂于水中的锚及锚链。锚出上后，拉力突然下降至 T_{III}，电动机转速增加。此后，随着锚链不断缩短，拉力也不断减少至 T_{IV}。在此阶段开始，在水中锚链长度等于抛锚深度。在此阶段终结，锚升至水面。这一阶段的平均速度，即为要求的起锚速度。

5. 第五阶段

将锚拉入锚链孔。锚出水面后，以低速拉锚入孔。由于摩擦的原因，拉力有所增大。起锚完毕后，用止链刹车刹住锚链。

整个起锚过程锚链上拉力变化曲线如图 9-2 所示。

（二）应急起锚过程

如水深大于锚链全长 L，则锚抛不到海底，锚机应能将悬挂在海中的锚及锚链收起。故开始时的拉力即为锚及全锚链的总重量。这一阶段终了的拉力与正常起锚时的 T_{IV} 相同。拉力变化曲线如图 9-3 所示。

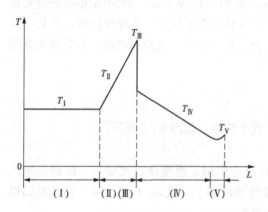

图 9-2　正常起锚过程的负载阻力曲线

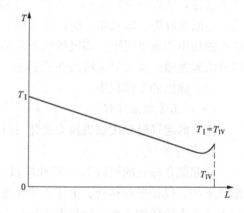

图 9-3　应急起锚过程的负载阻力变化

（三）抛锚状态

抛锚时，如水深不大，可依靠锚及锚链自重抛锚。如水深超过 50m，为了获得恒定的抛锚速度，避免抛锚速度过大，需电动抛锚，此时电动机工作在制动状态。由此可见，电动机容量计算可不必考虑这种状态，但开始抛锚时，必须先用电动机将锚自锚链孔放到距水面不远处，然后再用机械制动器控制其抛锚速度，这就要求电动机具有轻载下的低速硬特性。

（四）系缆状态

系缆时缆索上的拉力可能自最大值变至最小值，最大值在波浪冲击船舷和疾风突作时产生，最小值在缆索松弛时出现。这些拉力无法准确计算，按经验，系缆鼓轮上的额定拉力取为缆索断裂应力 T_{dv} 的 $1/2\sim1/6$。

二、锚机应满足的要求

在正常气候条件下，船锚泊时抛出的锚链长度一般为水深的 $2\sim4$ 倍，借助锚对水底的抓力、锚链与水底的移动阻力和锚链的重力来对抗风、流等外力的作用，保持定位。锚机工作时拉力负荷变化很大，电动锚机通常采用双速或三速交流异步电动机；而液压锚机为了限制功率，有的采用有级变量液压马达，也有的采用恒功率的液压泵或液压马达。

锚机应满足的主要要求如下：

（1）必须由独立的原动机或电动机驱动。对于液压锚机，其液压管路如果和其他甲板机械的管路连接时，应保证锚机的正常工作不受影响。

（2）所有动力操纵的锚机均应能倒转。

（3）链轮和驱动轴之间应装有离合器，离合器应有可靠的锁紧装置；链轮或卷筒应装有可靠的制动器，制动器刹紧后应能承受锚链断裂负荷45%的静拉力；锚链必须装设有效的止链器。止链器应能承受相当于锚链的试验负荷。

（4）液压锚机的系统和所有受压部件应进行液压试验。液压泵试验压力为1.5倍最大工作压力（不必超过6.9MPa）；系统和其他受压部件试验压力为1.25倍设计压力。

第二节　电动锚机控制系统

按船舶所用电制不同，电动锚机分为直流电动和交流电动两种。直流电动锚机调速性能好，使用效率高，但电刷需要定期保养。交流电动锚机调速性能差，通常只能有级变速，我国目前采用的电动交流锚机以双速和三速异步电动机拖动为多。二者的控制线路大同小异，今以三速锚机的控制线路为例来说明，其线路图如图9-4所示。

电动机JD是有高、低速两套绕组的鼠笼式电动机。高速绕组为四极（1500rad/min），星形连接，引出端线是4D。低速绕组可以改接，接为双星形时为八极，（每相的两组绕组并联，750rad/min）从端线8D引出；接成三角形时为十六极（每相的两组串联，375rad/min）引出端线为16D。各绕组额定的工作时间分别为10min（低速）、30min（中速）和5min（高速）。参见图9-5。

从图9-4中的主电路可见，通过接触器KMF和KMB，可以改变电源接入的相序，从而改变电机的转向，实现起锚或抛锚。利用接触器KM1、KM_{1-2}、KM_{2-2}、KM3，可以改变极对数P来调速。

一、线路工作情况

接通电源开关DK和主令控制器上的钥匙式开关SA0后，电源指示灯HL亮。如果主令控制器的手柄处于"0"位，则零压继电器KA1经触头SA1通电自保，同时为主令控制器准备电源。另外，通过降压变压器T和桥式整流器ZL，将电源变为110V直流，准备供给电磁制动器线圈YB，同时供电给时间继电器KT3，以短接制动器YB线圈的节流电阻R_j。

（一）起锚1

把主令控制器手柄移到起锚1的位置时，触头SA2、SA4、SA7接通，制动器YB通电松开；接触器KMF和KM1通电，电动机低速起锚；继电器KT3断电延时约1s释放，把电阻R_J串入YB线圈电路中节流。

（二）起锚2

手柄扳到起锚2位置时，触头SA2、SA5、SA7接通。此时，KM1接触器断电，接触器KM_{2-2}和时间继电器KT1通电动作，然后接触器KM_{2-1}动作，电动机改接成双星形，进入中速起锚。

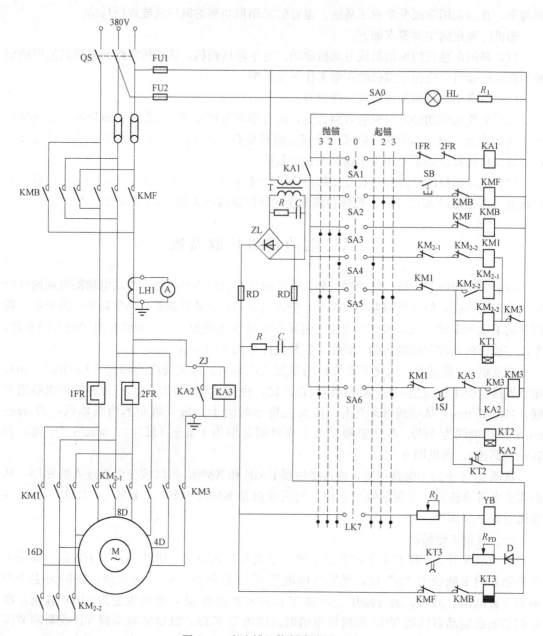

图 9-4　交流锚机控制线路原理图

（三）起锚3

手柄推到起锚3位置，触头 SA2、SA5、SA6、SA7 接通（此时 KT1 继电器已延时闭合），接通继电器 KT2 和 KA2。ZJ 触点把过流继电器 KA3 短路，以免过大的加速电流使之误动作直到 KT2 延时（1～2.5s）动作后，KA2 才释放，把 KA3 接入工作，（此时电动机已加速完毕），并使接触器 KM3 通电自保，KM$_{2-1}$、KM$_{2-2}$ 接触器断电，把高速绕组接通，进入高速起锚状态。

（四）归零制动

手柄扳回"0"位时，各接触器断电，电动机失电；同时制动器 YB 也失压刹紧，其磁

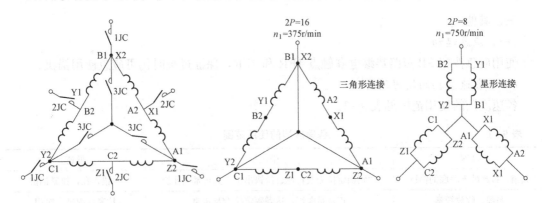

图 9-5 电枢绕组连接示意图

能经二极管 D 向放电电阻 R_{FD} 泄放；继电器 KT3 通电短路电阻 R_J，为下次动作准备。

抛锚情况与起锚情况相似，但接触器 KMF 不动作而 KMB 动作。起抛锚的特性对称。

二、线路保护

（一）欠压保护

用零压继电器 KA1 实施。

（二）过流保护

用过流继电器 KA3 和热继电器 1FR、2FR 实施。KA3 串在高速电路中，只在高速过载时作用。KA3 动作时，切断 KM3 接触器电源，使高速绕组断开，同时使 KM_{2-2} 和 KM_{2-1} 接触器相继通电，电动机自动转入中速工作，可以维持带电停止。过载消失后，虽然手柄还在高速挡（例如起锚3）上，但电动机只能在中速特性上运行。如果需要继续高速工作，必须把手柄先推到低速挡或"0"挡，让继电器 KT1 断电后，再把手柄推回到高速挡，方能转入高速运行。KA3 的动作电流一般整定在 1.1 倍高速绕组额定电流值上。

热继电器的发热元件串在低速绕组电路上，只能在低速和中速时起作用。1FR 或 2FR 动作时，切断零压继电器 KA1 电源，其结果和欠压释放相同，热继电器动作后需经 2min 左右才自动复位。

之所以要采用两种过流保护，是因为高速绕组的过载能力较低速绕组低，而且需要满足带电停止的要求，而低速绕组需要经常起动，工作时间较长，故采用长时过载保护。

为了防止手柄移动过速而高速绕组直接起动，利用时间继电器 KT1 来延时分级起动。

（三）短路保护

用熔断器 FU 分别对控制电路和电磁制动器电路作为短路保护。

（四）联锁保护

为使电机两套绕组之间，正反转接触器 KMF 和 KMB 之间不能同时通电，相互以辅助头作为联锁保护。至于中速和低速之间，由于使用同一套绕组，接触器 KM1 和 KM_{2-1}、KM_{2-2} 的换接本身就具有联锁作用，故不需要安设专门的联锁保护。

（五）整流器过电压保护

整流器 ZL 的输出与输入均有阻容元件 R、C 进行保护。此外，各感性元件均并联放电电阻以泄放能量，防止高压击穿绝缘。

三、其他

(一) 应急起动

使用应急按钮 SB 短路热继电器触点 1FR 和 2FR，保证过载时仍可应急使用锚机。

(二) 各速度挡的使用范围

各速度挡的使用范围见表 9-1。

表 9-1   各速度挡的使用范围

高速	中速	低速
起锚、拉起卧于海底的锚链	达到额定拉力及转速、拉锚出土。为正常工作级	拉锚入孔，拉紧锚链
系缆、收放缆索	正常系缆用，达到额定拉力及转速	拉紧系缆结束时用

(三) 补充说明

定子低速绕组的低速端（16D）共引出四根线，其中两根线 16D3、16D4 在电动机接线盒内连接好，如图 9-6 所示。

为什么要引出四根线？因为在使用高速绕组时，高速绕组产生的旋转磁场将在低速绕组中感应出电势。若低速绕组各相连成三角形通路，在正常情况下，这个通路的电势总和为零。如果此电动机工艺水平不良，例如磁路不对称，则在磁通分布的波形上会有偶次谐波出现，通路中各相电势总和恒不为零，绕组中会产生环流，导致发热。为要避免这种现象发生，在使用高速绕组时应把低速绕组断开，接成开口三角形，所以要引出四根端线。如果电机在制造工艺和铁芯材料上保证了磁场分布的对称性，绕组通路中就不会产生环流，也就不必断开绕组，可以在电机接线盒中将 16D3 和 16D4 两端线接死。

在接触器 KM_{2-1} 线圈电路中串入一对 KM_{2-2} 的动合触头，使 KM_{2-2} 接触器动作后，KM_{2-1} 接触器才能动作，为什么？因为中速工作时，定子绕组是接成双星形的，如图 9-6（a）所示。若由于某些原因，接触器 KM_{2-2} 没有动作，只有 KM_{2-1} 闭合，绕组将变成三角形连接，如图 9-6（b）所示。显然，它和图 9-6（a）的连接是不同的，因为它是不同相的两组绕组串联。

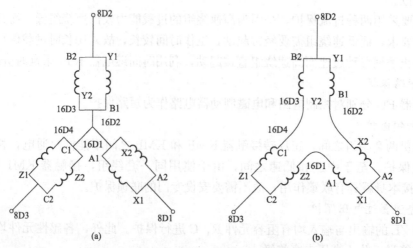

图 9-6 低速绕组的低速端连接

(a) 定子绕组接成双星形；(b) 定子绕组接成三角形

为了便于理解，把极对数 P 简化为 $2P=4$ 和 $2P=2$ 来说明。设绕组中各相的第一组绕组（注脚为1）中电流的变化如图 9-7（a）所示，取 $t=0$ 瞬时分析其磁场分布情况。此时，A 相的 A1-X1 绕组内电流 I_{A1} 为零，B 相的 B1-Y1 绕组电流 I_{B1} 为负，C 相的 C1-Z1 绕组电流 I_{C1} 为正，且其值 $I_{B1}=I_{C1}$。又设正电流从首端流向末端，即从 C1 流向 Z1；负电流由末端流向首端，即从 Y1 流向 B1。当绕组接成正常的三角形时，各相电流和磁通分布将如图 9-7（b）所示，绕组接成双星形时，电流和磁通的分布如图 9-7（c）所示。如果接触器 KM_{2-2} 没有动作，则电流的分布变为图 9-7（d）的情况。显然，它的磁通分布是紊乱的，而且绕组中有些部分会产生大的电流，对电动机不利。因此线路中必须安排联锁环节，即用 KM_{2-2} 动合触头来保证它先于 KM_{2-1} 动作，使绕组在接通电源之前可靠地换接成双星形。

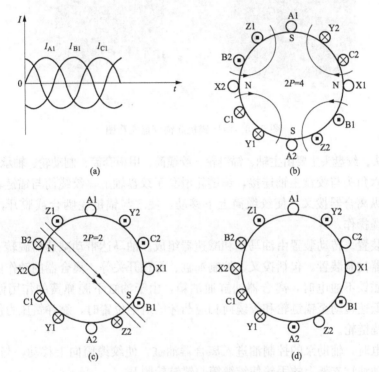

图 9-7　低速绕组的低速端连接故障图
(a) 第一组绕组的电流波形；(b) 三角形连接时的电流和磁通分布；
(c) 双星形连接时的电流和磁通分布；(d) 接触器故障时的电流和磁通分布

第三节　液压锚机的电气控制系统

一、系统组成

液压锚机是依靠液压装置执行和控制动作的锚机，其液压能源来自于电动机驱动的油泵装置，又称电动—液压锚机。液压锚机调速性能好，输出力矩大，对于大型、自动化程度高的船舶，采用液压锚机对船舶的经济型和可靠性更有利。液压锚机通常由起锚绞盘、液压系统和电气控制系统三大部分组成。

1. 起锚绞盘

通常锚机系统在船艏及船右舷各设一个起锚绞盘，两个绞盘不同时工作。起锚绞盘包括绞盘头、机械传动机构、刹车装置和离合控制装置等，由传动装置带动绞盘头工作，如图9-8所示。其中，传动装置和刹车等部件吊装在甲板下面。

图9-8　液压锚机起锚绞盘实物图

（1）绞盘头。绞盘头主要由主轴、锚链轮、绞缆筒、甲板套筒、制动轮、轴承等零件组成。

绞缆筒藉六角头与绞盘主轴连接，锚链轮滑套于绞盘轴上，绞缆筒与锚链轮之间用凸牙连接，通过操纵离合器拨叉，使绞缆筒上下移动，使之与锚链轮啮合或脱开，以便进行起锚、抛锚或系缆操作。

（2）传动装置。传动装置由油马达和减速器组成。油马达带动减速器旋转。

（3）离合器控制装置。包括拨叉、控制油缸、行程开关等。离合器的动作由二位三通电磁阀控制，电磁铁不通电时，离合器油缸通油箱，由于油缸下腔弹簧的作用使绞缆筒向下压，当绞缆筒低速转动至锚链轮和绞缆筒相应凸牙的对中位置时，靠弹簧压力使绞缆筒上的凸牙自动嵌入锚链轮。

电磁铁通电时，辅助泵的控制油进入离合器油缸，使绞缆筒向上移动，与锚链轮脱开，也可用人力转动油缸支架上的手轮使绞缆筒与锚链轮脱开。

当控制离合器的电气或液压部分失灵时，可操纵手轮（正、反转）来实现上述工作。

（4）刹车装置。刹车装置的机械部分主要由刹车带、刹车控制油缸、刹车手动控制机构等组成。

刹车可以用操纵箱上的转换开关进行液压操纵，也可用人力转动手轮通过轴系传动转动螺杆使刹车带刹紧或松开。转动刹车手动操纵装置的手轮通过小轴传动轴系，转动刹车装置的拉杆使刹车带刹紧或松开。

转换开关小手柄在中间位置（"停止"位置）刹车油缸的两腔均通油箱，刹车带靠弹簧制动，此时的制动负载为起锚负载的130%；小手柄放在"抛锚"位置时，锚和锚链靠自重下落；小手柄放在"支持"位置时，刹车制动负载增至支持负载即锚链破断拉力的45%。

2. 液压系统

液压系统接受电控系统的指令工作，并提供驱动绞盘转动的动力源。通常一套公共的油泵机组分别驱动两绞盘的传动装置转动，油泵机组等部件安装在甲板下的舱室内。液压系统由油泵机组、电液换向阀、滤油器以及重力油箱等组成，除传动装置外全部安装在油箱上。

（1）主油泵。液压系统配有两台主油泵，正常情况下两台主泵同时工作以驱动艏锚或边锚起锚绞盘工作。应急时单台油泵也可驱动艏锚或边锚起锚绞盘工作，此时速度约为公称起锚速度的一半。

主油泵为电气比例伺服变量轴向柱塞泵，主油泵压力油由泵的出口经电液换向阀、油马达回至泵的吸油口构成封闭回路。改变控制电压即能改变油泵排量。

（2）传动装置。传动装置由油马达和减速器组成。油马达带动减速器旋转，减速器为一级行星齿轮，输出轴为花键，油马达为径向柱塞式油马达，油马达上固定双向平衡阀。

（3）辅助泵。辅助泵为双联叶片泵，其中大泵为补油泵，大泵流量较大，除补偿系统正常漏泄外，多余的油用于置换系统中的热油，改善散热条件，小泵为控制泵，用于提供离合器，刹车及电液换向阀等所需控制油。

（4）滤油器。辅助泵的大泵（补油泵）及小泵（控制油泵）的出口均装有带发信器的纸质式滤油器，当经过滤油器的油液压降大于 0.35MPa 时，即发出电信号使操纵箱上的报警信号灯发光，此时必须更换滤芯。

（5）电液换向阀。为控制油外供外排的三位四通换向阀，其作用是在起抛锚之间或收放缆之间需要进行切换时换向。

（6）阀组。液压系统中的液压元件组成 3 个集成阀组，均装在油箱上。

1）阀组一：包括电液换向阀、补油溢流阀、单向阀等。

2）阀组二：包括电液换向阀、安全阀、单向阀等。

3）控制阀组：包括控制刹车、离合器动作的电磁换向阀、溢流阀、单向节流阀等。

（7）油箱。油箱兼作油泵及电动机的底座，油箱上有空气滤清器，油箱内有辅助泵吸油滤网及电加热器、液位控制继电器、温度计等液压附件，当环境温度在 15℃以下时应使用加热器加热油箱中的油，以防辅助泵吸油困难。当油温超过 60℃时，温度计会发出报警信号。当油箱内的液压油液面低于设计值时，液位继电器会发出报警信号，提醒用户加油。

3. 电控系统

液压绞盘电气控制系统包括电气控制箱一台，操纵箱一台。操纵箱为艏、边起锚绞盘共用一台，安装在甲板上的起锚绞盘机旁，操纵箱为全电气化控制。液压起锚绞盘电气控制箱分别控制艏、边起锚绞盘工作，控制箱安装在锚机舱内。

（1）操纵箱。主油泵采用电气比例阀伺服变量轴向柱塞泵，通过操作操纵箱上的操作器大手柄发出指令，由信号采样放大电路接收信号经处理后，将 0～10V 的电动机信号送至比例伺服放大器的输入端，从而实现控制油泵的排量也就达到了调速的功能。同时信号采样放大电路接收到±10V 信号经处理输入到 PLC 可编程控制器，控制电液换向阀通断，实现起锚（收缆）或抛锚（放缆）的功能。控制系统中采用 PLC 可编程控制技术，具有各种电路保护及报警功能。

操纵箱上设有以下操作及观察元件：

1）主令手柄：控制起锚绞盘的换向和调速。

2）艏锚、边锚选择开关：当要求起艏锚或边锚时，将选择开关调至在"艏锚"或"边锚"位置。

3）油泵运行选择开关：用户可根据需要选择"主泵Ⅰ""主泵Ⅱ"及"主泵Ⅰ＋Ⅱ"起

动泵组。

4）启停按钮：操纵箱上有四只带灯可自锁的按钮，分别用于动力起抛锚、系缆、液控抛锚，根据所需工序揿下相应的启停按钮，程序会完成相应工序的准备工作；工序结束，再次揿下相应工序的启停按钮。

5）刹车液压操纵装置。主要元件为一只带有小手柄的转换开关，转动转换开关时，三位四通电磁阀电磁铁起作用。小手柄在"抛锚"位置刹车带松开，在"停止"位置刹车带靠弹簧刹紧，制动负载为130％起锚工作负载；在"支持"位置刹车带靠油压刹紧，制动负载达到支持负载。此开关为自复位开关，不用时自动置于"停止"。

6）手动控制开关：在手动操作时用以接通电液换向阀"起锚"或"抛锚"方向的电磁铁，需要对中离合器时也可转动此开关，使贴紧的离合器凸牙侧面分开。

7）信号灯：指示工作情况的信号灯。工作信号灯（启停按钮）按操作工序为动力起抛锚，系缆或液控抛锚，相应信号灯亮。

油泵运行信号灯。主油泵、辅助泵运行时信号灯亮。

报警信号灯。辅助泵的补油、控制油滤油器滤芯堵塞或主、辅电机过载时、油位过低、油温过高时，该报警信号灯亮。

8）压力表：指示液压系统工作压力，辅助泵控制油压力。

9）主令手柄通过电气远传机构输出0～10V的电压信号至电控箱，电控箱再输出控制信号至主油泵上的比例排量调节器，以改变主油泵排量，主油泵排量与主令手柄的操作角度呈正比。

（2）电气控制箱。当操纵箱上的电气操作开关不能正常使用时，可在机舱内的控制箱上操作。将控制箱门上的"本箱/操纵箱"选择开关转至"本箱"位置，起动电动油泵机组，按相应工况按钮，并打开控制箱门，转动电位器旋钮，替代操纵箱上的操作器大手柄发出指令信号给采样放电络，做应急系统操作。

电气控制线路具有以下保护功能：①主泵电动机采用热继电器作为电流过载（及断相）保护；②主回路由空气开关作为短路保护，控制回路由熔断器作为短路保护；③主回路带有失电保护。当电压消失，自动断开电动机电源，以防止电压恢复后自行起动。复电后，必须将所有操作开关回到原始位置重新开始操作。

电气控制箱面板的开关和指示灯功能如下：

1）"方式选择"开关分手动和自动两种。

手动：将选择开关转到此位置，可按辅泵、主泵Ⅰ、主泵Ⅱ的起动按钮和停止按钮，分别起停相应油泵电动机。起动时应先起动辅泵后再起动主泵。

自动：将选择开关转到此位置，操作"油泵运行"开关，由可编程控制器控制，顺序起动油泵机组，及按程序自动控制各种工况的正常运行。

2）"本箱/操纵箱"选择开关。

本箱：将开关转到此位置，则可在控制箱操作，起动油泵机组和和工况的运行。一般在调试和应急时使用。

操纵箱：将开关转到此位置，在操纵箱上起动油泵机组和各种工况操作。

3）"油泵运行"开关。"起动"或"停止"油泵电动机。

4）"控制电源"开关。接通或切断控制回路供电。

5）"加热器"开关。液压油需要加热时，将此开关转至"接通"位置，加热至若干时间后，自动停止加热。若需继续加热，则可将此开关回零后再接通一次。

6）"艏/边锚选择"开关。根据需要选择艏锚工作或边锚工作。

7）"液控抛锚/支持"选择开关。液控抛锚工况时，转动此开关，进行抛锚、停止或支持负载刹车。

8）指示灯。各执行元件的通断指示。

各油泵运行指示；加热器工作指示；电源指示。

9）报警指示。主泵Ⅰ过载报警、主泵Ⅱ过载报警、辅泵过载报警、补油滤器堵塞报警、控制油滤器堵塞报警、油温高报警。

10）蜂鸣器。报警灯亮，同时蜂鸣器声响。

11）按钮。3个油泵电动机（主泵Ⅰ、主泵Ⅱ、辅泵）起动按钮和3个对应的停止按钮，3个带灯自锁按钮："动力起抛锚、液控抛锚""系缆"按钮及指示。

12）"消音/复位"按钮。短促地按一下此按钮为消音及报警灯由闪光变常亮功能，长按（若干秒）为复位功能。

二、液压锚机的操作使用

（1）对锚机的操作有三种工况：动力起、抛锚，液控抛锚和系缆。

1）动力起、抛锚时主泵Ⅰ和主泵Ⅱ同时运行，离合器在完全啮合位置。

2）液控抛锚时主泵Ⅰ或主泵Ⅱ运行，离合器在完全脱开位置。

3）系缆时主泵Ⅰ和主泵Ⅱ同时运行，离合器在完全脱开位置。

（2）在使用过程中需转换工况，如动力起抛锚结束后需接着系缆，系缆结束后需接着动力起抛锚或液控抛锚等，此时，可不停止油泵的运行，先撤下已结束工况的起停按钮，再撤下所需工况的起停按钮，然后，按所需工况的程序进行操作。

（3）当起锚绞盘半自动操作失灵，可操作刹车和离合器的手动操作机构，同时将电控箱上的方式选择开关应置于"手动"位置。

本 章 小 结

对于一般船舶，起锚—系缆装置安装在船艏，作为起锚和系缆用，称为锚机。在尾部则装有专用于绞缆的机械，称为绞车或系缆机，实现收缆与放缆操作。电动锚机通常采用双速或三速交流异步电动机；而液压锚机为了限制功率，有的采用有级变量液压马达，也有的采用恒功率的液压泵或液压马达。

正常的起锚过程按锚机拉力变化可分为五个阶段，这就要求电力拖动要有两种以上的速度和较大的调速范围，因而电动锚机多采用双速或三速异步电动机，通过变极方式实现调速，并能够正反转工作，实现起锚（收缆）或抛锚（放缆）的功能。控制线路具有延时分级起动、过载保护等功能。

习 题

9-1 锚设备由哪几部分组成？能实现什么功能？

9-2　锚机的工作状态有哪些？简述起锚过程及各部分的特性。

9-3　简述锚机电控系统的组成及特点。

9-4　简述如何改变三速锚机的绕组连接方式而实现变极调速。

9-5　简述锚机电控系统的保护功能。

第十章　船舶起货机的电气控制

第一节　电动起货机工作简介

一、电动起货机的类型及特点

船舶起货机是远洋船舶甲板机械中最典型的设备之一，传动的船用起货机多采用继电器—接触器控制系统，该控制方式故障率高、可靠性和可维护性差，所以可以采用 PLC 控制技术来取代。

我国目前采用的交流起货机，以双速和三速异步电动机拖动为多，电动起货机采用三挡变极调速控制，并能实现正反转运行。二者的控制线路大同小异，采用主令控制器实现运行操作，以保证起货机操作灵活、工作可靠。

电动起货机的起动和制动次数甚多，起动和制动时电流也很大，将引起电动机发热，同时也影响电器的使用寿命。因此，对起货电动机的接通次数要加以限制。

二、起货机的控制要求

在不同工况下，起货机要求电动机能够实现起动、停车、正反转和制动等操作。其中，三相异步电动机的制动方法有机械制动和电气制动两种。机械制动是采用机械抱闸的方式，抱闸装置由制动电磁铁和闸瓦制动器组成，可分为断电制动和通电制动。电气制动是在电动机上产生一个与原转动方向相反的制动转矩，迫使电动机迅速停车，常用的电气制动方式是能耗制动和反接制动。因此，起货机电控系统具有如下功能：

（1）当风机运行后才能起动起货机。当手柄从零位快速扳到提升或下降的高速挡时，应能逐级延时起动，以防止快速操作引起电动机过大的冲击电流以及起货机过大的机械冲击。

（2）为了减轻电磁制动器的负担，当手柄从高速挡快速扳到停车挡时，应有三级联合制动过程，即转速高时的电气制动、速度降到一定值后的电气与机械联合制动以及速度接近于零时的单独机械制动，直到停车。

（3）下降货物时，应有电气制动以保证货物匀速下降；在起动时先接通低速绕组电源后才能松开电磁制动器；在换挡过程中，起货电动机应总有一个绕组通电，比如在提升货物时，中速绕组通电后低速绕组才能断电，高速绕组通电后中速绕组才能断电。

（4）控制系统应具有失压保护、单相保护、过载保护和短路保护等措施。

第二节　电动起货机的 PLC 控制技术

目前，船用电动起货机大多数采用继电器—接触器控制系统，采用这种控制系统控制的交流三速起货机触点多，线路比较复杂，不仅可靠性较差，而且维护、保养的工作量都较大，直接影响起货机的正常工作，因此 PLC 控制系统取代继电器—接触器控制系统是三速起货机电控系统的发展趋势。利用 PLC 实现三速起货机控制系统的种类很多，其工作原理和控制方法是一样的，本节将介绍一种 S7 - 200 型 PLC 实现交流三速起货机的控制系统。

一、主电路及控制电路设计

如图 10 - 1 所示是为起货机提供电源的主电路，主要由保护电器和控制电器等组成。

在图 10 - 1 中，M1 为起货机主电动机，M2 为风机电动机；QF 为断路器，用于起货机主电路的总电源开关，以及提供短路保护；FU 为熔断器；FR1～FR4 为热继电器，用于起货机各挡运行以及为风机提供过载保护；KM1～KM5 为起货机线路接触器，用于起货机运行控制，其中 KM1 为正转控制接触器，KM2 为反转控制接触器，KM3、KM4、KM5 分别为起货机 1 挡、2 挡及 3 挡运行的控制接触器；KM6 为风机起动、停止控制接触器；KM7 为起货机制动电磁阀控制接触器。

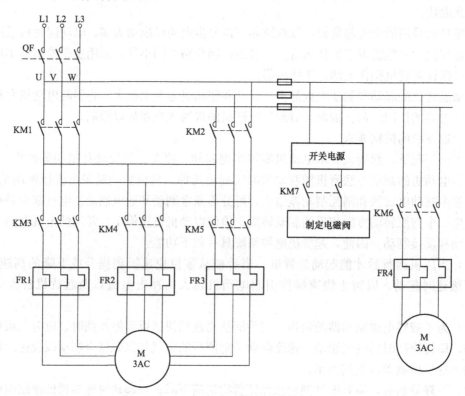

图 10 - 1　电动起货机主电路图

按照 PLC 控制系统的设计步骤，首先需要确定 PLC 型号。根据起货机控制系统要求，PLC 采用西门子 S7 - 200 系列即可满足控制任务。CPU 模块选用 CPU - 224，该模块输入侧采用直流供电，有 14 个数字量端子，输出侧为继电器输出方式，有 10 个输出端子。

PLC 控制电路如图 10 - 2 所示，输入侧的控制信号主要包括主令控制器、风机启、停按钮以及过载保护输入。输出控制起货机的工作状态，并对运行及故障状态进行显示报警。对应 I/O 端口信号，可得到 PLC 的 I/O 地址分配，见表 10 - 1。表 10 - 1 还显示了控制过程中定义的中间变量。

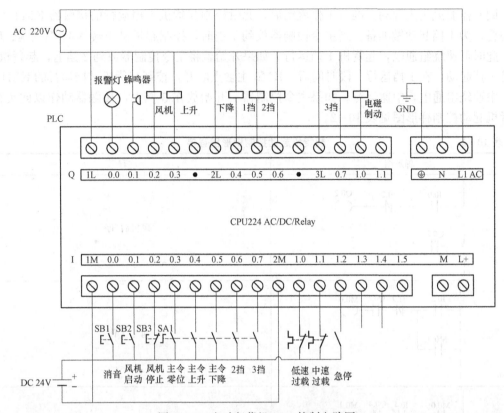

图 10-2　电动起货机 PLC 控制电路图

表 10-1　　　　　　　　　　**I/O 地址及中间变量地址分配表**

输入		输出		中间变量	
I0.0	消音	Q0.0	指示灯	M0.0	起货机准备起动中间变量
I0.1	风机起动按钮	Q0.1	蜂鸣器	M0.1	起货机上升控制中间变量
I0.2	风机停止按钮	Q0.2	风机起动输出	M0.2	起货机下降控制中间变量
I0.3	主令控制器零位输入	Q0.3	起货机上升输出	M0.3	中高速准备中间变量
I0.4	主令控制器上升输入	Q0.4	起货机下降输出	T37	1挡电气制动延时
I0.5	主令控制器下降输入	Q0.5	起货机 1 挡输出	T38	1挡升2挡延时
I0.6	主令控制器 2 挡输入	Q0.6	起货机 2 挡输出	T39	2挡升3挡延时
I0.7	主令控制器 3 挡输入	Q0.7	起货机 3 挡输出		
I1.0	低速过载输入	Q1.0	电磁制动器控制输出		
I1.1	高速过载输入				
I1.2	急停				

二、控制原理分析

根据起货机的主电路和 PLC 控制电路图，分析其控制原理。

1. 起货机起动

在起动前先做准备工作，主令控制器及急停按钮是否在初始状态，如果不再需要对其复位，同时需要风机先起动。准备工作就绪后，此时控制起货机 1 挡运行的接触器 KM3 主触点闭合，为 1 挡起动做准备。当主令控制器放到 1 挡时，控制起货机正转的 KM1 主触点闭合，此时低速绕组通电，起货机 1 挡运行。如果开始就将主令控制器放到 2 挡上，起货机首先是 1 挡起动，在 1 挡运行一段时间后，KM3 主触点断开，控制起货机 2 挡运行的 KM4 闭合，中速绕组通电，中速运行。如果主令控制器一开始放在 3 挡上，接触器动作以此类推。起货机起动控制梯形图见表 10-2。

表 10-2　　　　　　　　　　　起货机起动控制梯形图程序

梯形图	注释
I0.0 —[ ]— I0.2 —[/]— ( )Q0.2 Q0.2 —[ ]—	风机启/停
I0.3 —[ ]— I1.2 —[/]— Q0.2 —[/]— ( )M0.0 M0.0 —[ ]—	准备工作
M0.0 —[ ]— I0.4 —[ ]— Q0.4 —[/]— ( )M0.1 I0.5 —[ ]— Q0.3 —[/]— ( )M0.2	上升或下降
M0.0 —[ ]— I1.1 —[/]— M0.1 —[ ]— T37 —[/]— Q0.4 —[/]— ( )Q0.3 I1.0 —[ ]— Q0.3 —[ ]— M0.2 —[ ]— T37 —[/]— Q0.3 —[/]— ( )Q0.4 Q0.3 —[ ]—　正反转输出	正反转输出
Q0.3 —[ ]— M0.0 —[ ]— [IN TON T38] 5—[PT 100ms] Q0.4 —[ ]—　1挡启动开始延时	1挡起动开始延时
M0.4 —[ ]— T38 —[ ]— Q0.2 —[ ]— I0.6 —[/]— Q0.7 —[/]— ( )Q0.6 [IN TON T39] 5—[PT 100ms]　2挡、3挡控制输出 I0.7 —[ ]— T39 —[/]— ( )Q0.7	2挡、3挡控制输出

2. 起货机停车

当主令控制器由起货 2 挡、3 挡直接扳到零位时，KM4 和 KM5 线圈失电，其主触点断开，同时 KM3 保持通电，这时低速绕组是接通的，使得起货机进入再生制动状态。在此期间制动电磁阀合闸，再生制动和机械制动同时起作用。经过一段时间后，KM3 线圈断电，低速绕组断电，靠机械制动使起货机最终停住。起货机停车控制的梯形图见表 10 - 3。

表 10 - 3　　　　　　　　　　　　起货机停车控制梯形图程序

梯形图	注释
M0.0　Q0.6　Q0.7　Q0.5 ─┤├──┤├──┤/├──( ) 　　　　　　　　　T37 　　　　　　│IN　TON│ 　　　　　3─│PT 100ms│	1 挡制动
Q0.5　M0.4　Q1.0 ─┤├──┤├──( ) Q0.6 ─┤├─ Q0.7 ─┤├─	电磁制动开始运行

3. 起货机逆转矩控制

当主令控制器由起货 3 挡快速转换到下放第 3 挡时，它的运行过程是：先按照停车的流程进行停车，然后再按照第 3 挡反向起动的流程进行运行。

随着电力电子技术、交流变频调速技术和电机控制技术的成熟，电动起货机的起升机构采用变频器供电的交流异步电动机来驱动，通过变频控制实现电机无级平滑调速。

第三节　电动液压起货机

电动液压起货机与电动起货机相比，其优点是：驱动平稳、能吸收冲击负荷、加速度快、调速范围宽且无级调速、对船舶电站冲击小。大功率的起货机大都以电动液压起货机为主。如南京绿洲机器厂生产的高压（21MPa）电动液压起货机和武汉船用机械厂生产的中低压（1MPa、17.5MPa）电动液压起货机。

由于电动液压起货机控制系统的调速、制动、提升和落货等都是利用液压系统来实现的，电动机恒速运转，不要求调速。船舶上大多采用笼型异步电动机来拖动主、辅油泵，其电气控制相对简单。

电动液压起货机的缺点是工作效率低、制造精度要求高、油路管道系统复杂。

本章小结

船舶起货机在货船、客货船及大多数工程船上是一种重要的甲板机械。近年来许多船的电动起货机已采用了 PLC 控制，具有三级制动等功能。本章以三速电动起货机为例，在掌握电动更起货机控制要求的基础上，介绍了 PLC 电气控制系统的设计过程。

电动液压起货机的调速和换向是由液力机械完成的，引起可实现无级平滑调速，而且不需要电磁制动器。电动机恒速不变，电气控制线路简单。

习　题

10-1　简单说明电动起货机的控制要求。

10-2　简述电动起货机的制动过程。

10-3　在 PLC 控制电路里，主令控制器对应的输入信号有哪些？

10-4　根据三速起货机的梯形图程序，简述起货机的起动过程。

10-5　电动起货机 PLC 控制系统的保护功能有哪些？

10-6　画出交流三速起货机的定子绕组接线图。

第十一章　船舶航向航迹自动舵控制系统

自动舵是船舶用于航向控制的一种自动装置。它利用自动操舵仪来操纵舵机工作，使船舶保持在给定的航向上航行。自动舵一般自成一套控制系统，包括操作发讯部分和随动控制部分。本书第三章已经介绍了随动控制系统的基础知识，本章主要介绍自动舵装置实现航向航迹自动控制的原理及装置的主要技术性能等内容。

第一节　航向控制系统的组成及工作原理

一、船舶航向控制的基本组成

航向控制是通过电罗经（或复示磁罗经）不断地把传送来的船舶实际航向与给定（希望）航向相比较计算出相应的指令舵角，再和舵角反馈机构给出的实际舵角相比较，计算出控制信号控制舵机转舵，使船舶自动保持在给定的航向上航行。

航向控制系统是一个航向随动系统，基本组成如图 11 - 1 所示。它由以下基本环节组成：

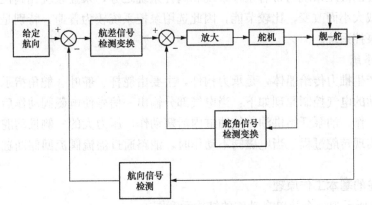

图 11 - 1　航向控制系统的基本组成

航向控制系统中，船舶是控制对象，干扰是船舶偏航的原因，被调节量是船舶航向。航向的控制过程如下：

由航向检测元件测得船舶实际航向 ψ_o 后，将其反馈至系统输入端与给定航向 ψ_i 在比较机构中比较求差，得到航差（偏航信号）ψ，再经信号检测变换计算出指令舵角信号 δ_i。然后，该信号与舵角检测元件测得舵角信号 δ 相比较给出控制信号，经放大后推动舵机转舵控制船舶航向。

信号检测变换元件：用来测量各种控制参数（如航向 ψ_o、舵角 δ 等），并将其转换成合适的物理量。常用的器件有电罗经、自整角机、旋转变压器等。

比较元件：用来检测实际航向 ψ_o 与给定航向 ψ_i 间的差即偏航角 ψ、偏航角与舵角信号的差值。偏差信号可以是机械信号或电气信号。常用的元件有差动齿轮、运算放大器、微处理器。

放大元件：用来放大控制信号至足够的功率，以推动舵机转舵。目前常用的有半导体放大器、磁放大器、电气—液压放大器或电机扩大机等。

执行元件：用来推动舵叶转动。一般采用电动舵机或液压舵机。

反馈元件：自动舵必须有两个反馈，即航向反馈和舵角反馈。前者又称外反馈，一般由电罗经发送与接收机构组成，主要元件是自整角机。后者又称内反馈，一般由舵机反馈机构发送与接收机构组成。发送舵角反馈信号的元件，军品一般采用自整角机或旋转变压器，民品常用电位器。

二、自动舵装置的结构

目前，大多数自动舵的随动系统都是电液随动伺服系统，所以自动舵装置主要由电气控制分系统、液压分系统和机械分系统三部分组成。

1. 电气控制分系统

电气控制分系统包括强电的电力拖动部分和弱电的信号处理部分。液压舵机电动机拖动液压泵属长期连续工作制，不需要调速，在电站容量允许的情况下可直接起动。如果容量有限通常采用星/三角降压起动。操舵控制系统的电控单元实现简单控制、随动控制等方式，驱动液压马达转到给定的控制方位。

2. 液压分系统

自动舵装置的液压系统通常有泵控系统和阀控系统之分，泵控系统比阀控系统复杂，但功率损耗随负载大小而改变，比较节能，因此选用泵控系统较为普遍，特别是功率比较大的情况下均采用泵控系统。

3. 机械分系统

作用是舵产生推力传给船体，是承力构件，主要由舵杆、舵叶、舵角指示器等组成。

整个舵转动的电气控制原理如下：当电气部分输出一信号使电磁阀动作后，电磁阀打开使液压分系统工作，油泵开始供油，使油缸内活塞动作，压力大的一侧推动舵杆，从而使舵杆带动舵叶，实现转舵过程。当电磁阀不动作时，油路通过溢流阀流回储油缸，从而不断地循环。

三、自动舵的基本工作原理

如图 11-2 所示为一个简单自动舵的结构示意图。

由舵轮给出定航向信号ψ_i，通过差动齿轮一个输入轴输入差动齿轮；差动齿轮的另一个输入轴由电罗经（航向收信器）带动，输入实际航向信号ψ_0；差动齿轮的输出轴输出航差角信号ψ，即：

$$\psi = \psi_i - \psi_0 \qquad (11-1)$$

电位器 1 滑臂由差动齿轮输出轴带动，其上的电压（滑臂与电位器中点之间的电压）为u_a，u_a和航差角ψ成正比：

$$u_a = K_W \psi \qquad (11-2)$$

其中，K_W是电位器的放大系数。电位器 2 的滑臂由舵轴转动，其臂上的电压（滑臂对于电位器中点的电压）u_b与舵角δ成正比：因此两电位器滑臂的电位差即电压u_{ab}为：

$$u_b = K_W \delta \qquad (11-3)$$

$$u_{ab} = u_a - u_b = K_W \psi - K_W \delta = K_W(\psi - \delta) \qquad (11-4)$$

即它是航差信号与舵角信号比较后所得到的偏差信号。这个偏差信号就是舵机的控制信号。

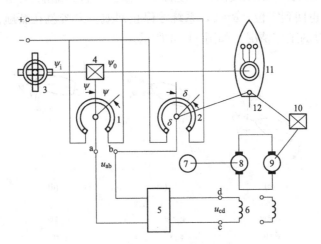

图 11-2　简单自动舵的结构示意图

1、2—电位器；3—舵轮；4—差动齿轮；5—放大器；6—直流发电机激磁绕组；
7、8—电动机及直流发电机；9—舵机电动机；10—减速机构；11—电罗经；12—舵叶

控制信号 u_{ab} 经放大器 5 做电压放大后供给直流发电机的激磁绕组 6。直流发电机的电枢 8 由电动机 7 带动。电动机——发电机组对偏差信号作进一步功率放大后，驱动舵机电动机 9 经减速机构 10 带动舵叶 12 转动。

系统的工作原理如下：

(1) 自动保持航向。假定舵轮给出的给定航向 ψ_i，船舶的实际航向 $\psi_0=\psi_i$ 时，则 $\psi=0$。此时舵角也在零位，$\delta=0$，则 $u_{ab}=0$，系统不转舵。

由于某种原因，船舶向左偏航，$\psi>0$，假定电位器的滑臂顺时针方向转过 ψ 角，滑臂上就有一个与 ψ 角成正比的电压 $u_a=K_w\psi>0$ 输出，而此时 $\delta=0$，所以 $u_b=0$，两个电压经比较后，得到偏差电压：

$$u_{ab}=u_a>0 \tag{11-5}$$

电动机在此控制信号作用下，就开始向右舷转舵，$\delta>0$；同时带动电位器 2 的滑臂也向顺时针方向转过 δ，于是便有电压 $u_a=K_w\psi>0$ 输出，只要 $\psi>\delta$，u_{ab} 总是大于零，系统就将继续转舵，一直到 $\psi=\delta$，$u_b=u_a$，$u_{ab}=0$ 时，系统便停止转舵。

船舶在此舵角的作用下，开始回航，航差角 ψ 随之减小使 $\psi<\delta$，$u_a<u_b$，$u_{ab}<0$，偏差电压反向，舵机电动机反转，系统开始回舵。当船舶回到给定航向时，$\psi_0=0$，$\psi=0$，舵叶也回到零位，$\delta=0$，偏差电压 $u_{ab}=0$，系统便停止转舵。船舶保持在原航向上航行。

以上过程如图 11-3 所示。同理可分析右偏航时保持航向过程。

(2) 自动改变航向 ψ_0。假定原来系统的给定航向为 ψ_1，船舶的实际航向 $\psi_0=\psi_1$，船舶沿给定航向航行。转动舵轮给出一个新的给定航向 ψ_2，设 $\psi_2<\psi_1$（欲使船舶向左转到一个新航向 ψ_2）。此时便有航差角 $\psi<0$，电位器 1 的滑臂电压 $u_a<0$，而 $\delta=0$，$u_b=0$，所以 $u_{ab}<0$。系统在这个偏差电压作用下，开始转左舵（$\delta<0$），并带动电位器 2 的滑臂逆时针方向转动，于 $u_b<0$，只要 $|\psi|>|\delta|$，系统将继续转舵，一直到 $\delta=0$，$u_a=u_b$，$u_{ab}=0$ 时，系统

才停止转舵。船舶在此舵角作用下，开始向左改变航向，于是 $|\psi|$ 开始减小，$|\psi|<0$，$|u_b|<|u_a|$，$u_{ab}>0$，偏差电压反向，系统开始回航。一直到船舶转到所要求的新航向时，$\psi_0=\psi_2$，$\psi=0$，舵也回到零位，$\delta=0$，系统才停止回航。系统就在新航向上航行。同理可分析向右改变航向时的工作情况。如图 11-4 所示。

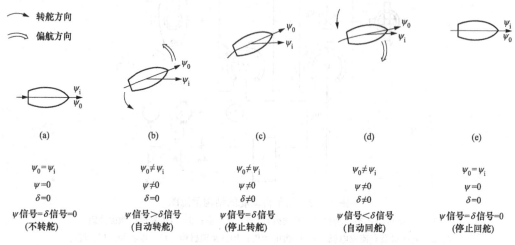

图 11-3　船舶向左偏舵时自动保持航向的过程示意图

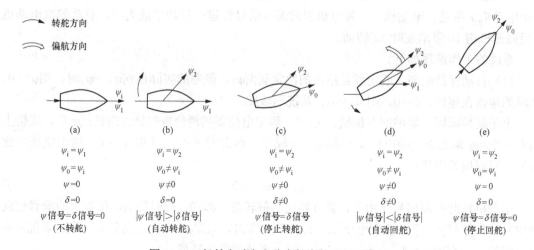

图 11-4　船舶自动向左改变航向的过程示意图

由以上分析可知：

（1）该系统具有自动保持航向和自动改变航向的能力，可代替人来操舵，简言之：

船舶偏航→系统自动出舵→船舶回航→系统自动回舵→船舶回到原航向，舵也回到零位并停止转动。

经定新航向→系统自动转舵→船舶向新航向运动→系统自动回舵→船舶到达新航向，舵也回到零位并停止转动。

（2）自动舵在保持航向时。在船舶偏离给定航向过程中 $|\psi|>|\delta|$，系统自动转舵；在船舶返回给定航向过程中 $|\psi|<|\delta|$，系统自动回舵。$\psi=\delta$ 时，系统不转舵。

可见自动舵的基本工作原理是：利用航差信号和舵角信号的差来控制舵机转动。

当 $|\psi| > |\delta|$，自动转舵；

当 $|\psi| < |\delta|$，自动回舵；

当 $\psi = \delta$，停舵。

四、自动舵的反馈

自动舵系统的控制作用是由 ψ 信号和 δ 信号共同产生的，系统中有两个信号反馈：航向反馈和舵角反馈。

（1）航向反馈。也叫主反馈，它是自动舵系统的基本反馈。自动舵系统的被控制量是船舶的实际航向角 ψ_0，为了能对它实现自动控制，必须将 ψ_0 信号反馈到输入端，并与给定航向 ψ_i 信号进行比较，获得航差信号 ψ，从而产生控制作用，所以它是系统中的基本反馈。

（2）舵角反馈。也叫附加反馈。系统中只有引入舵角信号，才能实现自动回舵。这个信号，从舵轴上把舵角信号反馈到比较元件 Ⅱ 的输入端，并与航差信号进行比较。实际上它是自动舵系统能稳定工作所必不可少的。无舵角反馈时航向的调节过程如图 11-5 所示。

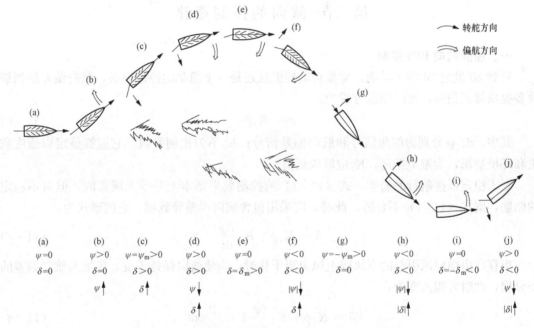

图 11-5　无舵角反馈时航向的调节过程示意图

当船舶处在图 11-5（a）的情况时，$\psi_0 = \psi_i$，$\psi = 0$，$\delta = 0$。假定由于某种原因，船舶向左偏航，出现航差角 $\psi > 0$ 的信号，如图 11-5（b）所示。在此信号作用下，系统开始转右舵（$\delta > 0$），这样，当船舶航差角增大到某一数值，例如 $\psi = \psi_m$ 时，便不再增大，如 11-5（c）。

在 $\delta > 0$ 的舵角作用下，ψ 开始减小，如图 11-5（d）。但如果没有舵角反馈，即如果没有舵角信号作用，虽然 ψ 信号减小，但 ψ 信号的方向不变，其控制作用的方面也没有改变，所以系统将继续转右舵，偏舵角 δ 将继续增大，这种情况要一直持续到图 11-5（e）所示的位置，即持续到 $\psi = 0$ 为止。但此时偏舵角却达到最大值 $\delta = \delta_m$，所以船舶将向另一舷偏航（向右偏航），于是系统出现方向相反的航差信号 $\psi < 0$。这时系统才开始回舵到如图 11-5（f）所示位置。当舵叶转回零位时，即 $\delta = 0$ 时，船舶停止偏航，此时航差角信号 $\psi = -\psi_m$，

如图 11-5（g）所示。因系统的控制作用依然存在，于是系统又向另一舷转舵——转左舵，如图 11-5（h）的情况。此时船舶又开始回航，但系统仍继续加大舵角，直到 $\psi=0$ 时，偏舵角达到最大值 $\delta=-\delta_m$ 图 11-5（i）。这样，当航差角达到最大值时，舵角为零；而当航差角为零时，舵角却达到最大值。因此船舶一旦偏航，它就将在给定航向 ψ_i 左右来回地偏航，系统产生振荡，而不能稳定地工作。

为了使系统能稳定地工作，必须引入舵角反馈。这时，使系统转舵的控制作用是由航差信号与舵角信号相减所得的偏差信号 $u=u_a-u_b$ 产生的。不是仅仅由偏差信号 ψ 单独产生，从而使得船舶在返回原航向的过程中，即 ψ 信号减小的过程中，$|\psi|<|\delta|$，偏差信号 u 反向，产生相反的控制作用，系统就开始回舵。而当 $\psi=0$ 时，舵也达到零位，$\delta=0$，这就避免了船舶在给定航向左右来回振荡，使系统能稳定地工作。显然舵角反馈应该是负反馈。

第二节　航向的控制规律

一、船舶航向 PID 控制

直到 20 世纪 70 年代早期，常规自动操舵仪还是一个简单的控制设备，航向偏差给操舵设备提供修正信号，此时控制方程为：

$$\delta=K_p\psi \tag{11-6}$$

其中，δ、ψ 分别为舵角信号和航向偏差信号；K_p 不为比例常数，它应被整定以适应载重和环境要求，为避免振荡，K_p 应取较低值。

对于稳定低速航行的船舶，式（11-7）的控制效果基本上是令人满意的，但对不稳定的船舶，则式（11-7）不合适。此时，应采用包含航向误差导数项，它的形式为：

$$\delta=K_p\psi+K_d\frac{d\psi}{dt} \tag{11-7}$$

当存在由横向风引起的下风或上风力矩干扰时，为使航向保持不变，应加入航向偏差的积分项，此时方程式变为：

$$\delta=K_p\psi+K_d\frac{d\psi}{dt}+K_i\int_0^t\psi dt \tag{11-8}$$

这就是经典的 PID 控制律。

积分项的加入可能会降低舵的响应速度，这会使船舶反应迟钝，为抵消这种影响，可再加入一个加速项，这样控制方程又成为：

$$\delta=K_p\psi+K_d\dot{\psi}+K_i\int_0^t\psi dt+K_{dd}\ddot{\psi} \tag{11-9}$$

对海浪高频干扰，PID 控制过于敏感，为避免高频干扰引起的频繁操舵，常采用"死区"非线性天气调节，但死区会导致控制系统的低频特性恶化，产生持续的周期性偏航，这将引起航行精度降低，能量消耗加大。

二、船舶航向最优控制

实际上，最优控制仍然是 PID 控制，不同的是前面 PID 控制的参数依靠操作人员设定，而最优控制应用最优控制理论直接给出了控制参数的解析式。参数优化的目标函数采用：

$$J = \int_0^t (\psi^2 + \lambda \Delta \delta^2) \, \mathrm{d}t \tag{11-10}$$

式中 λ——加权系数。

在航行中，航向自动控制是根据船舶的实际情况不断地计算 J 值，选择一组优化的参数 k_p、k_d，使得在这组参数下的操舵参数值 J 最小，以使舵角在较小的范围内变化。

最优状态反馈系数 k_p、k_d 可按下式求解：

$$k_\mathrm{p} = \frac{1}{\sqrt{\lambda}} \tag{11-11}$$

$$k_\mathrm{d} = \frac{1}{K}\left(\sqrt{\frac{2KT}{\sqrt{\lambda}}+1}-1\right) \tag{11-12}$$

式中 T——响舵系数，表示船舶对舵的随动性，该值越小，对舵的响应越快；

K——回转系数，该值越大，则船的转向性越好。

根据采样的实际舵角和航向速率信号经在线辨识得到 K、T 值，可计算出微分算子 k_d。

应用航向最优控制时，应注意两个问题：

(1) 航速和装载变化对参数 K、T 指数的影响。K 与航速 V 成正比关系，T 与 V 成反比关系，即：

$$K = K_0 \cdot V/V_0 \tag{11-13}$$
$$T = T_0 \cdot V_0/V \tag{11-14}$$

式中 V——船舶速度；

V_0——经济航速；

K_0、T_0——在该航速下及某一参考装载量（例如正常营运）下的 Nomoto 指数。

装载对船舶的质量、转动惯量、吃水与重心位置有直接影响，从而将改变各种流体动力系数以至 K、T 指数。

(2) λ 的调整。关于加权系数 λ 的取值，随船舶大小、海况及船舶航行使命不同而异，可取 $\lambda=0.1\sim10$。当其他条件不变时，一般情况下，λ 增加，航行精度降低，舵角变小，舵机的能耗降低，λ 减少，航行精度提高，舵角变大，舵机的能耗增加。总体上讲，在船舶航行过程中不应以提高航行精度为最终目标，而是在满足需要的航行精度条件下，减少舵机能耗，即满足航行精度的前提下，λ 越大越好。

(3) 其他船舶航向控制。目前在船舶航向控制中采用的其他控制方法有：自适应控制、专家系统、模糊控制、神经网络控制、鲁棒控制、变结构控制等。

第三节 常用自动舵

HD 系列自动舵是我国设计生产的自动舵系列产品之一，包括的型号有 HD-1、HD-5LA、HD-5Lk、HD-5TD、HD-10 等。通过选用执行装置可以与不同类型舵机配套使用，如各种变量泵、定量泵、电动发电机组等形式的舵机。操舵仪中航向控制采用经典 PID 控制算法，控制参数通过手动调节。各种控制功能主要是采用模拟器件和少量的逻辑器件实现的。整个操舵系统中包含两套完全独立的控制系统，配合双机组的选择使用。

HD 系列自动舵的结构组成如图 11-6 所示。

整个仪器由主操纵台、简易操纵台、接线箱、反馈机构、起动器、转换箱等组成。各部分的主要组成如下：

（1）主操纵台。主操纵台分台式、立式两种，它是 HD 系列自动舵的主要部件。操纵台包括各种微电机、开关旋钮、电路板、简单操纵手柄、随动舵轮等。

微电机包括航向复示电机、航向接收电机、航差电机、舵角指令电机、舵角复示电机。

开关旋钮有航向匹配旋钮、航向修正旋钮、操纵方式选择开关、通道选择开关、部位转换开关、微分调节开关、比例调节开关、自动，手动天调转换开关、手动天调电位器、积分开关、数字航向匹配开关、报警检查按钮、消音按钮。

电路板有电源功放板、综合放大器板、报警板、显示板。

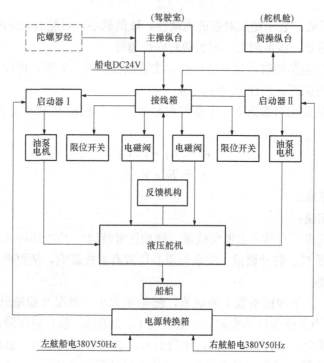

图 11-6　HD 系列自动舵的结构示意图

（2）简易操纵台。简易操纵台分台式和立式两种。操纵台包括各种微电机、开关旋钮、电路板、指示灯、简单操舵手柄、随动舵轮等。

（3）接线箱。接线箱为壁挂式，一般装在舵机舱，用于连接各分仪器，并装有操纵部位转换开关。

（4）反馈机构。反馈机构设置在舵机舱，用于发送舵角同步信号和舵角反馈信号，包括操纵台舵角复示的发送机、舵角反馈传感器以及限位开关。

（5）起动器。起动器有两个，用以起动舵机机组，并给操舵仪系统供电。

（6）转换箱。用于将两舷船电进行自动切换后向两个起动器供电，内部装有两个接触器，当两舷船电均供电时，遵循快者优先原则，哪舷电源先送电，便接通该舷电源。

第四节 航 迹 控 制

一、航迹控制的概念

航迹控制是指控制船舶自动沿某一计划航线运动，使船舶的航迹与计划航线保持一致。航迹控制也叫航迹跟踪，它是船舶航行自动化的关键问题。传统航行控制因无法获取连续的船位信息，一般通过不断改变船舶航向来实现航迹控制。航迹保持操纵过程为：①驾驶员通过海图或定位系统确定船位，并计算航迹偏差；②根据航迹偏差与当时的海况和风流情况，设定新的航向；③利用航向控制或手动操作保持设定的新航向，靠近计划航线。船舶航行一段时间后，再重复上述过程，反复修正船舶航向，操纵船舶沿计划航线航行。

以上操舵过程的效果与驾驶员经验有很大关系，在恶劣海况时往往偏航较大。用传统的方法使船舶跟踪计划航线，驾驶员劳动强度很大，另一方面船舶在复杂海域、渔船作业区、狭窄水道及进出港航道航行时，随着船舶数量增多、航速提高以及超级油轮的出现，使得碰撞的危险也在加大。

采用航迹自动舵自动控制船舶跟踪计划航线，可显著提高跟踪精度，提高航行安全程度，降低驾驶员劳动强度。对一些需要精确保持航迹的场合，航迹自动舵具有重要的应用价值，如进行科学研究及海洋开发时的海洋大地测量、海底电缆铺设、石油勘探等，执行军事任务时的布雷、扫雷、护航、战术编队等，进行采矿、航道疏通、渔船作业等。20世纪90年代由于GPS导航仪的普及应用，其廉价、定位连续准确、可全天候在全球范围使用的特点，较好地解决了航迹控制的定位问题。

由于船舶操纵运动是非线性的，其动态特性与船型、装载、船速、吃水等有密切关系，执行机构有明显的滞后、死区、继电、速率限制等特性。此外，船舶航行中，环境干扰十分复杂，有骤风、高频浪、海涌、过船等瞬时干扰，也有季风、低频浪、潮汐、洋流等长时干扰，因而航迹舵的设计一直是一项高技术难题。

二、航迹控制系统的组成

解决航迹控制问题一般采用分层方法，一般可划分为规划、导航、引导和控制三层。规划层根据航行海区的气象、水文、交通情况给出计划航线。计划航线一般是从航行起点到航行终点的一条折线，各转向点称为航路点。计划航线也可设置为曲线，此时航线跟踪问题是一个曲线跟踪问题。

导航层获取船舶位置、方向、速度等信息，并根据计划航线计算航迹偏差、到转向点的方位、距离等参数。引导和控制层将转向与速度控制分离，分别进行转向控制与航速控制。通常直接用于控制船舶航行的设备是舵和推进器，舵用于调节航向，推进器则可用来控制航速。推进器转速通过车钟挡位控制，航行过程中很少变化，一般由人工操作。而转向控制在跟踪航线过程中需要频繁进行，需要自动操舵仪来完成。

航迹控制单纯依靠航迹自动操舵仪是不够的，必须构成一个完整的系统，其基本组成必须包括规划、导航、引导和控制三个层面：

（1）航行计划系统：用于确定计划航线，它是航迹控制的目标。计划航线一般在电子海图系统（ECDIS）上设置，也可在综合导航显控台设置。

（2）导航定位系统：用于连续确定船舶位置、航速、航向、航向变化率等，并计算导航参数。常用设备有 GPS、GLONASS、罗兰 C 导航仪、惯性导航系统等。在航迹控制系统中一般配置两台定位设备，一个参与航迹控制，用于确定偏航量，另一个用于对船位进行独立监视。通常采用罗经或磁罗经确定船舶航向，采用计程仪确定航速，也可通过船位滤波得到。

（3）操舵控制系统：核心设备是自动操舵仪，操舵仪根据船舶的偏航、舵角、航向、速度等信息及其变化趋势，控制船舶操舵，通过改变舵角，控制船舶航向，进而控制船舶航迹。导航信号来自导航定位系统，舵角信号来自舵角反馈机构。

更复杂的航迹控制系统还包括避碰功能，系统可根据 APPA 雷达信息和避碰策略，需要避碰时临时改变计划航线实施避碰，避碰完成后再回到原计划航线。

三、航迹控制系统的性能要求

国际海事组织（IMO）海上安全委员会 MSC.74（69）号决议的附件 2，提出了对航迹控制系统的性能标准，包括功能、精度、显示报警、人机界面标准、环境适应性、接口等方面，主要内容如下。

1. 功能

（1）操纵方式。航迹控制系统应能实现对船位的控制：

1）控制船舶到达某一航路点。

2）控制船舶沿着一系列航路点的航线航行。

（2）进入航迹模式的要求。进入航迹控制模式前，操作者必须确认当时的船位、航向偏差、船舶操纵性能等因素能满足可靠进入控制航迹的条件。

（3）具有一套主定位系统。用于航迹控制的主定位系统应是国际海事组织认可的电子定位系统。

（4）具有位置监控设备。具有另一套独立的定位设备，用来连续监控船舶位置。该定位设备可不整合到航迹控制系统中。

（5）及时地转向显示。跟踪计划航线时，至少要在到达转向操舵点之前 1min，显示航线变化。

（6）实际航迹的变化及其确认。

1）在跟踪航线过程中，在航线转向操舵点位置要发出报警。

2）要为操作人员提供能确认在航线转向操舵点之后的航迹向发生变化的方法。

3）无论操作者是否响应了确认信号，应保证船舶自动跟踪航迹。

4）如果在转向后 30s 内，操作人员仍然没有对实际航迹向的变化报警进行确认，那么要再提供一个备用的导航报警。

（7）改变航路点。在跟踪计划航线过程中，不能修改目标航路点、出发航路点及前方到达航路点，除非完成了新计划航线的设计并具备应用新航线进行航迹跟踪的条件。

（8）转向性能。操舵仪应该能够控制船舶以预先设定半径，或根据预先设定的转向速率计算得到的半径从一个航线段转向另一个航线段，此半径要在船舶的性能范围内。

（9）对舵机参数的适应性。航迹控制系统应具备通过手动或自动方式调节参数的能力，以满足不同船舶在不同的天气、不同的速度以及不同装载条件下的操纵特性。

（10）允许误差。要采取方法避免由于船舶正常艏摇、偏航、统计意义上离散定位误差引起操舵。

（11）人工干预功能。应该能够接受人工简易操纵，能停止航迹控制模式转换为手工操纵模式。

（12）航向控制模式。应具有航向控制模式，此模式应符合航向控制系统的性能标准。

（13）手动改变航迹控制到手动操纵方式。

1）舵角处于任何位置都应能从航迹控制转换到手动操纵方式。

2）任何条件下，包括航迹控制系统故障，都应能从航迹控制转换到手动操纵方式。

3）转换到手工操纵方式后，若要返回到自动控制模式，则必须由操作人员干预。

（14）手动改变航迹控制到航向控制。

1）在任何条件下都应该能从航迹控制模式转换到航向控制模式。

2）航向控制系统应该将当前的实际航向作为当前的设定航向。

3）从航向控制模式返回到航迹控制模式则必须由操作人员干预。

（15）操舵模式显示。应该提供信息充分显示当前的操舵模式。

（16）航向监测。应提供独立航迹控制系统的航向数据源，以监测船舶的实际航向。

2. 精度

应该在航迹控制系统的文件中向使用者定性说明以下因素对航迹控制的影响：

（1）位置、航线和速度传感器的精度。

（2）航向和速度的变化。

（3）实际对水速度。

（4）环境条件。

3. 显示报警

（1）不能供电或电源功率不足。当航迹控制系统缺电或电源功率不足影响安全工作时，应报警。

（2）位置监控报警。当位置监控系统检测到船舶偏离航线的距离超过预设极限值时，应当报警。

（3）航向监控报警。当航向监控系统检测到船舶航向偏差超过预设极限值时，应当报警。

（4）传感器失灵和报警。正在使用的定位传感器或航向传感器故障时，或发出报警信号时：

1）应在航迹控制系统生成报警信号。

2）系统应指导操作人员转换到安全的操纵模式。

3）若在30s内值班人员没有确认故障报警信号，应发出一个备用的导航报警。

（5）故障信号的使用。不能选择任何含有故障或者有报警状态的传感器信号。

（6）偏航迹报警。如果船位航迹偏差超过预定的极限值应报警。

（7）航差信号。如果船舶实际航向偏离航线超过预定的极限值应报警。

（8）低速报警。如果对水速度低于操纵船舶所需的最低速度应报警。

4. 人机界面

（1）对航迹控制的调节。

1）应提供连续两个航路点间的航线参数的计算。

2）可调整转向半径和转向速度、航迹控制有关的各种极限值、报警及其他控制参数。

（2）控制方式的改变。

1）航迹控制到人工控制：单人即可完成从航迹控制到人工控制模式的转换。

2）航迹控制到航向控制：若航迹控制系统和航向控制系统是协同工作的，单人即可完成从航迹控制到航向控制方式的转换。

3）转换控制的位置：操纵方式的选择开关应该位于或邻近主驾驶室。

（3）连续信息显示。以下信息应该明确、持续显示：

1）操舵方式。

2）实际使用的位置，航向和速度信号。

3）传感器的状态和故障情况。

4）航迹向和实际航向。

5）实际船位、偏航距离、速度。

6）目标航路点和前方航路点。

7）到目标航路点的时间和距离。

8）下一航线段的方向。

9）选用航线的名称或标识。其中4）、5）、7）、8）项应该用数字显示。

（4）需要提供的信息。

1）计划航线的航路参数列表，包括航路序号、坐标、两个航路点间的距离和方位、转向半径和转向速度。

2）航迹控制相关的各种的极限参数和其他预设的控制参数。

（5）信息表达。逻辑上相关的参数应当成对显示，如预设值和实际值。

5. 接口

（1）传感器。航迹控制器应与满足标准的位置、航向和速度传感器连接，航向应由陀螺罗经提供。

（2）状态信息。所有连接的传感器都应该能提供状态信息，包括故障信息。

（3）标准。航迹控制系统应能与船舶导航系统进行数字和串行通信，并且遵照相关国际标准。

6. 故障应对措施

（1）航迹控制或位置传感器失灵。

1）如果航向控制仍然可用，那么系统应该自动转换为航向控制方式，并将当前实际航向作为设定航向。

2）如果航向控制也不可用，那么应当保持舵角。

（2）航向测量系统失灵，此时应当保持舵角。

四、航迹控制器的设计

1. 航迹跟踪要解决的问题

折线形计划航线每两个航路点之间都是直线，中间的每个航路点都是转向点。曲线形计划航线没有转向点的概念，曲率半径较大的弧线相当于直线航线，航线曲率较小的位置相当于折线航线的转向点。因此航迹跟踪可归纳为直线航段的跟踪和转向控制两个问题。

（1）在计划航线的直线段，要求高精度跟踪航线、保持航迹。在跟踪航线时，其控制的目标是：

　　1）船舶偏航量在允许范围内，即船舶位置始终在计划航线附近。

　　2）航迹误差角接近零，即船舶的航迹向要与计划航线的方向一致（对曲线航线，与计划航线切线方向一致）。

　　3）操舵次数尽量少。

　　（2）到达计划航线的转向点附近时实施自动转向控制，即通过操舵控制船舶转向新的航线段。转向通常有两种要求：

　　1）按给定转弯半径转向。

　　2）按给定航向变化率转向。

　　2. 航迹控制器的基本实现方案

　　航迹控制通常有三种基本的实现方案，即指令航向法、指令舵角法、直接舵令法。

　　（1）指令航向法。指令航向法又称间接控制法，该方法把航迹问题看成一系列航向跟踪问题，将航迹控制分解成航迹控制环与航向控制环，航迹控制环根据船位偏差及其他信息给出指令航向，航向控制环实现航向修正，从而间接完成航迹控制。

　　指令航向法航迹操纵控制系统原理如图 11 - 7 所示。系统由舵角控制环、航向控制环及航迹控制环组成。航迹控制环将定位设备接收的船位与计划航线比较，获取航位偏差，通过航迹控制算法得到指令航向并送给航向控制环；航向控制环则将实际航向与指令航向比较，发出指令舵角给舵角控制环；舵角控制环驱动舵机使舵角检测值与指令舵角一致，从而实现船舶航迹控制。该系统去掉船位反馈与航迹控制环节就是航向自动舵，再去掉航向反馈与控制环节即随动操舵。系统可通过开关选择航迹或航向控制方式，便于原航向自动操舵仪升级。

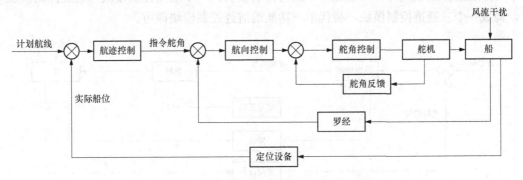

图 11 - 7　指令航向法航迹间接控制原理框图

　　指令航向法与驾驶员通过航向自动舵操纵船舶跟踪航线的过程比较符合，易将驾驶经验融入控制器。航向控制与航迹控制之间可在线快速平滑切换，定位设备故障时仍能实现航向控制。但将航迹控制转化为系列的航向控制问题，从航迹控制角度看不利于系统整体优化。对于现有航向自动舵，若具有指令航向数字接口，用该方案只要增加一个独立的航迹控制器即可方便地升级为航迹自动舵。

　　（2）指令舵角法。指令舵角法又称直接控制法，该方法根据建立的舵角与航迹偏差、偏航角度、偏航角速度等参数的内在关系，直接计算指令舵角，通过控制舵角来改变航迹消除航迹偏差。该方案能对位置、方向、航速这些实际上耦合的参量进行综合考虑，可达到的控制性能更优良，能很好协调航迹跟踪性能与舵机能耗之间的关系。

采用指令舵角法的航迹控制系统由航迹控制环和舵角控制环组成，其原理如图 11-8 所示。航迹控制环根据船位偏差、航迹向偏差、航速等直接计算指令舵角，送到舵角控制环；舵角控制环驱动舵机，使实际舵角与指令舵角一致，以实现船舶的航迹控制。

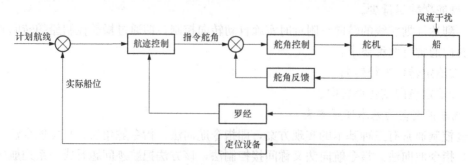

图 11-8　指令舵角法航迹直接控制原理框图

该方案中没有出现航向控制环节，构成实际航迹控制系统时，可增加一个航向控制模块，与航迹控制模块并联，构成一个双通道控制模块，替代单一航迹控制模块，由开关进行切换。航向控制模块比较实际航向与设定航向，计算指令舵角送到舵角控制环，实现航向控制。

（3）直接舵令法。将舵角反馈信号直接纳入航迹控制计算环节，航迹控制模块直接给出操舵信号，是一种更直接的航迹控制方法，称为直接舵令法。此时航迹控制不再需要舵角随动模块支持，航迹控制环节是一个有机的综合体，如图 11-9 所示。同样，采用该方案构成一个实际航迹控制系统时，可增加一个航向控制模块、一个舵角控制模块与航迹控制模块并联，构成一个三通道控制模块，替代单一功能的航迹控制模块即可。

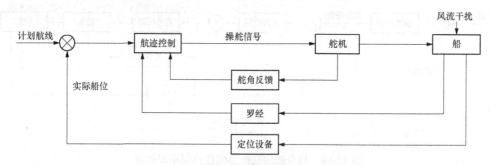

图 11-9　直接舵令法航迹控制原理框图

五、典型的航迹控制系统介绍

1. 日本 Tokimec 公司的 PR-8000 自适应自动舵

PR-8000 自适应自动舵外形如图 11-10 所示。有自适应和 PID 两种控制模式，有自动、手动、非跟踪和遥控操舵四种工作模式。自适应部分采用模型参考自适应控制器，可根据航向、船速和舵角自动估计船舶动态特性。整个系统采用模块化结构，可根据用户要求，选配航迹控制模块，即航迹舵系统。自动舵基本包括：

（1）辨识部分。通过手动操舵模式、自动航向改变模式和速率操舵模式进行船舶动态特性的估计。

（2）航向保持。有限制水域和开阔海面两种
工作方式，可相互转换。

（3）航向改变。采用模型参考自适应控制，
以固定转动速率完成航向改变。

（4）参数调节。由水手调节操舵模式、天气
参数、航速和舵角限制等。

（5）PID 控制。根据航向偏差信号和舵角信
号进行自动伺服控制。

图 11-10 PR-8000 自适应自动舵

航迹控制部分包括航行计划、定位和航向保
持三个功能模块，有狭窄水域和宽阔水域两种航
行模式。航行计划模块用于编辑航线，有恒向线、
大圆和混合大圆航行三种方式。定位模块使用 GPS 实时确定船位。航向保持模块自动决定
最优航向，在转向点处自动改变航向，保持船舶航迹。

系统采用指令航向法实现航迹控制，航迹控制器根据航迹偏差、航速和实际航向计算最
佳航向，控制操舵实现航迹保持。接近转向点时系统自动通知操纵者，经确认后自动改变航
向。由于船舶定位和航向设置自动完成，操纵者可集中精力注意碰撞等危险，提高了安全
性；系统采用最佳路线保证了航行的经济性和准时性。

2. 德国 Ansuchz 公司 PilotStarD 操舵控制器

PilotStarD 操舵控制器是 Ansuchz 公司操舵控制系列化产品中的一种操舵控制单元，
Ansuchz 公司类似的操舵控制产品还有 NautoPilot 20X5 系列、NautoPilot NP60、NautoPi-
lot-W1 等。如图 11-11 所示是利用 NautoPilot-W1 操舵控制器构成的航迹控制系统。
NautoPilot-W1 采用了直接舵令法。它采用数字控制，控制模式有：航向控制、航迹控制、
手动控制、外部航向控制。PilotStarD 通过计算指令舵角实现航向和航迹控制。PilotStarD
航向控制可自动适应各种船速，可以按照选择的变化速度改变航向。连接有定位设备时，可
进入航迹控制模式。LCD 可显示航向、设定航向、航迹偏差、速度、舵角等数据。具有视
觉报警和声音报警。

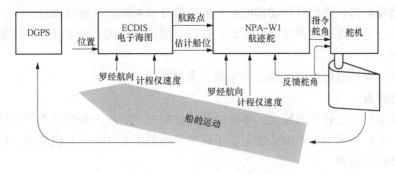

图 11-11 NautoPilot-W1 构成的航迹控制系统

PilotStarD 可接收的外部信号有：①具有数字接口的罗经航向，如 Ansuchz 公司
STD. 20 数字罗经，或 6Steps/度数字信号；②具有数字接口的磁罗经航向；③计程仪信号：
脉冲或串口；④来自导航仪或电子海图系统的船位。

第五节　自动舵的主要技术性能

为了满足不同船舶在不同情况下的使用要求，使之能保证船舶安全准确地航行，对自动的各项技术性能提出了一系列的要求，其中最主要的技术指标有：

一、灵敏度

使用自动操舵时，使舵开始动作的最小偏航角叫自动舵的灵敏度。系统的开环放大倍数越大，系统的灵敏度越高，航向控制精度越高。

一般灵敏度的调节范围在 $0.1\sim1.0°$H。当船舶在风平浪静的海况下航行时，灵敏度可调高些，以保持较高的航向精度。当风浪较大，船舶摇摆厉害时，灵敏度应调低些，否则使舵机工作过分频繁，船舶摇摆加剧，航速下降，不利于稳定航行。灵敏度调节又称"天气调节"。

(1) 自动工作不低于 $0.3°$偏航角。

(2) 随动工作不低于 $1°$偏航角。

二、平均偏航角

船舶相对给定航向左右偏航时，偏航角对时间的积分的绝对值与积分时间之比叫平均偏航角 θ_p：

$$\theta_p = \frac{\left|\int_{t_1}^{t_2} \psi(t)\,\mathrm{d}t\right|}{t_2 - t_1} \tag{11-15}$$

平均偏航角与航行条件有关，一般均先给出海情及航速，然后再提出平均偏航角。

水面船舶以任意航向和规定的航速航行，操舵仪航向稳定精度如下：

(1) 海况低于 3 级时，不大于 $1.0°$。

(2) 海况 $3\sim5$ 级时，不大于 $2.0°$。

(3) 海况高于 5 级时，不大于 $3.0°$。

三、随动操舵灵敏度

使用随动操舵时，使舵开始动作的最小舵角指令值叫随动操舵灵敏度。

操舵误差：当转舵速度符合规定值时，在舵角限位范围内，给定舵角值与复示舵角值之差不大于 $1.0°$。

动态品质：操舵过程中应平稳、无振荡、无超调。

四、转舵速度

随动操满舵时，舵转动的速度。不论用何种操舵方式转舵，操舵仪在平均转舵速度下应能稳定工作。安装在大中型水面船舶上，单机工作不低于 $2.3°/\mathrm{s}$，双机工作不低于 $4.7°/\mathrm{s}$。

五、随动操舵精度

给定舵角与实际舵角的差值叫随动操舵精度。

六、转舵力矩

执行机构中减速器输出轴的最大转矩称为转舵力矩。

另外还有可靠性、生命力方面要求，如自动舵的关键部件均独立安装两套以上，操舵方式也有多种，以便应急使用等。

本 章 小 结

　　船舶自动舵是船舶用于航向控制的一种自动装置，利用自动操舵仪来操纵舵机工作，使船舶保持在给定的航向上航行，它是一种航向随动系统。大多数自动舵的随动系统都是电液随动伺服系统。

　　目前在船舶航向控制中采用的控制方法是 PID 控制，其中，加入航向偏差的积分项是为了克服由横向风引起的下风或上风力矩干扰。

　　航迹控制是指控制船舶自动沿某一计划航线运动，使船舶的航迹与计划航线保持一致。核心设备是自动操舵仪，操舵仪根据船舶的偏航、舵角、航向、速度等信息及其变化趋势，控制船舶操舵，通过改变舵角，控制船舶航向，进而控制船舶航迹。

习 题

11-1　自动舵的灵敏度 $1.0°H$ 是什么含义？

11-2　为什么自动舵会有极限舵角设定？其通常的极限舵角范围是什么？

11-3　自动舵的基本结构组成是什么？

11-4　自动舵的基本工作原理是什么？

11-5　自动舵系统在什么时候会出现航向振荡？

11-6　自动舵系统在什么情况下会出现舵角振荡？

11-7　自动舵如果出现固定偏航，其可能的故障点在哪里？

11-8　自动舵的航迹控制的基本原理是什么？

11-9　自动舵的主要技术参数有哪些？

参 考 文 献

[1] 庞科旺，袁文华. PLC电气控制系统设计及应用 [M]. 北京：中国电力出版社，2014.

[2] 魏永清，乔鸣忠. 船舶电力拖动控制装置 [M]. 武汉：海军工程大学出版社，2011.

[3] 肖英奎. 伺服系统使用技术 [M]. 北京：北京化学工业出版社，2004.

[4] 中国船舶工业总公司. 船舶设计使用手册——电气分册 [M]. 北京：国防工业出版社，1997.

[5] 马伟明. 中国电气工程大典——船舶电气工程 [M]. 北京：中国电力出版社，2009.

[6] 郁永章. 容积式压缩机技术手册 [M]. 北京：机械工业出版社，2000.

[7] 吴强. 水面船舶电气设备 [M]. 武汉：海军工程大学，2011.

[8] 赵殿礼. 船舶辅机电气控制系统 [M]. 大连：大连海事大学出版社，2003.